처음
읽는

유령의 세계사

Ghosts: A Haunted History
by Lisa Morton was first published by Reaktion Books, London, UK, 2015.
Copyright © Lisa Morton 2015

이 책의 한국어판 저작권은 (주)엔터스코리아를 통한 저작권사와의
독점 계약으로 탐나는책이 소유합니다. 저작권법에 의하여 한국 내에서
보호를 받는 저작물이므로 무단전재와 무단복제를 금합니다.

처음 읽는

유령의 세계사

리사 모튼 지음
박일귀 옮김

탐나는책

차례

	들어가며	7
1	무엇이 유령인가 (그리고 유령이 아닌가)?	13
2	죽음의 땅 : 초기의 목격자들	29
3	철커덕거리는 사슬과 흰옷 : 서양의 유령	73
4	걸신 : 동양의 유령	143
5	라 요로나와 꿈의 시대 : 라틴 아메리카와 남반구의 유령	173
6	증거를 탐구하다 : 유령과 과학	193
7	리처드 왕부터 〈파라노말 액티비티〉까지 : 문학, 영화, 대중문화에 등장한 유령	219
	나오며: 유령은 어디에나 있다	265
	미주	271
	참고문헌	284
	이미지 출처	287

핼러윈 유령 장식, 스튜디오 시티, 캘리포니아, 2012

들어가며

어느 으스스한 가을날. 발밑에 낙엽이 어지럽게 나뒹굴고 차가운 바람이 옷 속으로 스며든다. 당신은 어린 시절 자랐던 집에 도착한다. 아버지가 어머니 옆에서 영면에 든 지 한 달이 지났다. 당신은 친척들과 함께 장례를 치르고 아버지를 떠나보냈다. 그리고 이제 아버지의 재산을 정리해야 한다.

20년 전에 이 집에서 나온 뒤로 자주 들르긴 했지만, 지금은 너무 낯설게 느껴진다. 마치 처음 온 사람처럼 집이 너무 낡았다는 걸 이제야 알아차린다. 흰색 페인트는 벗겨지고, 마당에는 떡갈나무가 죽어가고 있다. 울타리는 당장 손을 봐야 할 정도로 망가져 있다.

집으로 들어가기도 전에 음침한 기운이 당신을 덮친다. 결국 아버지를 데려간 그 길고 지긋지긋한 병마의 흔적인지 몰라도 집에서는 메스꺼운 냄새가 올라온다. 한 달 동안 사람의 온기가 없어서 그런지 집이 으슬으슬하다. 집 안 곳곳에는 어둠이 내려져 있다. 이 집에 뭐가 있는지 다 알고 있는데도(저쪽에는 당신이 즐겨 읽던 책들이 꽂혀 있는 책장이 있고, 이쪽에는 증조할아버지가 만들었다던 탁자가 있다), 알 수 없는 오싹한 기분이 당신을 훑고 지나간다.

계단을 오르자 삐거덕 소리가 난다. 미풍이 지나갈 때마다 배관에서는 신음 소리가 난다. 옛날 당신의 방에는 십대 시절에 붙여놓은 포스터들이 남아 있다. 이것이 작게나마 마음의 위안을 준다. 당신은 침대에 등을 대고 누워 스르르 눈을 감는다……. 그러다가 갑자기 방 안에 누군가 있다는 걸 깨닫는다.

지금은 칠흑같이 어두운 한밤중이고 방 안에는 냉기가 가득하다. 희미한 가로등 불빛이 창가 옆에 있는 누군가를 비춘다. 당신은 숨이 멎고 두려움에 온 몸이 마비된다. 몸을 움직일 수도 없고 비명조차 지르지 못한다. 흐릿한 형체가 다가오자 심장은 미친 듯이 쿵쾅거리다가…… 다시 방 안에는 당신 홀로 남겨져 있다. 방은 온기가 돌고, 공기 중에 남아 있던 향이 아버지가 쓰던 로션 냄새라는 걸 곧 알아차리게 된다.

당신은 방금 유령 말고는 달리 설명할 수 없는 무언가를 만났다. 이런 경험은 인류 역사를 통틀어 전 세대 전 지역에서 일어날 정도로 보편적인 현상이다. 그렇지만 사후 세계의 존재에 대한 뚜렷한 증거가 없다는 것도 사실이다.

오늘날 미국에서 유령의 존재를 믿는 사람은 절반 정도이고(3분의 1 이상은 유령이 나오는 집에서 살아본 경험이 있다고 믿는다), 다른 나라들에서는 그보다 비율이 훨씬 높다(예컨대, 대만에서는 사무직 직장인 중 87퍼센트가 유령의 존재를 믿는다).[1] 유령은 옛 고전문

Seller Disclosures
Check YES or NO to the answers to the questions below.

1. Are you aware of Mello-Roos tax, Landscape Maintenance Districts, School Bonds, or other fees and/or assessments attached to, or associated with, the Subject Property?   ☐ YES   ☐ NO   If YES, see item 5 below
2. Are you aware of any settlement received or judgments regarding a lawsuit involving you the Seller, the Subject Property, tract/development, or the Homeowners Association?   ☐ YES   ☐ NO   If YES, see item 5 below
   If Yes:
   a) Were repairs or other remedial actions made to the Subject Property?
      ☐ YES   ☐ NO   ☐ UNKNOWN   If YES, see item 5 below
   b) Were the repairs or remedial actions done with appropriate permits?
      ☐ YES   ☐ NO   ☐ UNKNOWN   If NO, see item 5 below
3. Has anything "stigmatized" the Subject Property such as a death on the property, a violent crime, crime in the area/neighborhood, or allegations that the Subject Property is "haunted"?
   ☐ YES   ☐ NO   If YES, see item 5 below

미국 표준 부동산 계약서에서 나오는 '유령'에 관한 조항, 2014

학부터 오늘날의 리얼리티 텔레비전 쇼까지 모든 곳에 등장한다. 그럼에도 유령은 하나로 정의하기가 아주 어렵고 전문가들이나 마니아들 사이에서도 의견이 분분하다.

영국의 퇴마사 피터 언더우드는 유령을 10가지 유형으로 설명했는데, 그중에는 귀신 들린 물건, 정령(특정 지역과 연계된 유령, 정신 이상과 같은 심각한 반응을 유발한다), 사람의 혼백(가령, 스코틀랜드에서는 페치[fetch]라는 것을 믿는데, 이는 사랑하는 사람에게 징조나 경고로 존재를 드러내는 생혼[生魂]을 말한다) 등이 포함된다.

고전적인 의미에서 유령은 죽은 자의 혼령으로 여겨진다. 앞서 소개한 이야기처럼 유령과 만나는 사람들은 죽은 자와 가족인 경우가 많고, 음산한 장소에서 알 수 없는 톡톡 두드리거나 쾅 하는 소리, 음악 소리를 듣거나 냄새, 촉감 등을 느낀다.

인류의 역사가 변화하고 발전하면서 유령에 대한 믿음도 변화하고 발전했다. 과학과 기술이 발달하면서 인간은 유령의 본질을 연구하기 시작했다. 어떤 사람들은 새로운 도구를 이용해 유령이 존재한다는 증거를 잡아내고자 했고, 또 어떤 사람들은 유령이 초자연적인 현상이 아니라는 것을 설명하기 위해 인간의 두뇌를 실험하기도 했다. 정신 질환, 억압된 트라우마, 환각 상태, 전자기장, 초저주파 불가청음은 모두 유령을 보게 되는 경험을 설명하기 위해 제시된 이론들이다. 물론 '유령은 죽은 자의 혼령'이라는 관념만큼이나 어느 하나의 설명이 광범위하게 받아들여지지는 않는다.

만약 유령이 실제로 전자기장이나 초저주파 때문에 발생하는 환각에 지나지 않다면, 이런 질문이 제기될 수 있다. 이러한 환영은 왜 그렇게 자주 흐릿한 인간의 형체, 특히 자신이 사랑하는 죽은 사람의 형상으로 나타나는가? 그리고 왜 환영을 마주한 사람들은 두려움에 사로잡히는가? 죽은 배우자나 형제를 만나는 일은 경이롭지 않은가? 더군다나 죽은 자의 모습을 직접 볼 수 있다는 건 기쁜 일 아닌가? 19세기 고전 작품인 『자연의 밤The Night-side』에서 캐서린 크로우는 유령에 대한 두려움은 단순히 '나쁜 학습'의 결과일 뿐이고, 오히려 그녀의 책에 영향을 받은 강신술Spiritualism 운동은 유령을 깨달음의 원천으로 여기며 탐구했다. 그러나 19세기 말 찰스 디킨스, F. 마리온 크로포드, M. R. 제임스는 유령을 무서운 존재로 되돌려놓았다.

확실히 인류의 기록 역사에서 유령 이야기가 종교, 신화, 문학에 널리 퍼져 있다는 사실은 우연의 일치가 아니다. 『길가메시』, 『오디세이아』와 같은 고대 서사시는 영웅의 여정과 유령의 출몰을 결합시킨다. 유령 이야기는 전쟁과도 연관을 지었다. 전쟁이라는 행위가 결국 죽음으로 이어지지 않는가. 유령 이야기에서는 군인을 변호사나 의사, 목사처럼 충실하고 정직한 주인공으로 만든다.

유령은 제도화되어서 중국의 걸신 축제나 멕시코의 '죽은 자의 날'처럼 축제의 형태로 나타나기도 한다.

18세기에는 서양 문학에서 유령 이야기가 하나의 장르로 자리 잡았다. 앤 래드클리프(그녀의 소설에서는 유령 이야기가 마지막 부분에서 거짓으로 드러난다)와 호레이스 월폴 같은 고딕 작가들은 유령 이야기를 더욱 대중화시켰고, 이들이 다져놓은 토대 위에 찰스 디킨스(『크리스마스 캐럴』이 지금까지도 세계에서 가장 유명한 유령 이야기일 것이다)와 브램 스토커와 같은 작가들이 등장했다. 브램 스토커는 동유럽의 흡혈귀 민담을 상당 부분 참고해 『드라큘라』라는 역작을 탄생시켰다.

19세기 말에는 강신술이 유행했다. 영국과 미국에 살던 부유한 빅토리아시대 사람들과 에드워드시대 사람들은 영매靈媒의 집으로 몰려가 강신술 집회에서 유령의 메시지를 듣거나 심령체(혼령이 어떤 형체를 드러내도록 해주는 물체-역자 주)를 잠깐이라도 보고 싶어 했다. 처음에 사람들은 심령체가 저 너머의 세계에서 넘어오는 것이라고 믿었지만, 나중에 영매가 주술을 시작하기 전에 미리 준비한 시폰(얇게 비치는 가벼운 직물-역자 주) 자락임이 탄로 났다.

강신술이나 '혼령 사진'은 존 네빌 마스켈린과 해리 후디니라는 마술사들에 의해 거짓으로 드러나면서 1930년대에 유행이 점차 시들해졌지만, 유령에 대한 믿음만큼은 그렇지 않았다. 공포 문학의 인기는 1970년대 폭발했다. 독자들은 스티븐 킹의 소설을 탐독했고 관객들은 영화 〈엑소시스트The Exorcist〉와 〈오멘The Omen〉을 보면서 비명을 질렀다. 이와 함께 고전 유령 이야기에 대한 관심이 다시 부활했고 리얼리티 텔레비전 쇼에서는 흉가에서 퇴마술을 진행하고 초자연적인 현상을 조사하는 프로그램을 방영했다.

유령 이야기가 최초로 기록된 뒤로 약 5,000년 동안 우리는 여전히 저승에서 온 망령을 만나고 있고, 허구적인 이야기를 가지고 서로가 서로에게 겁을 주고 있다. 비록 유령의 존재를 이야기하는 방식은 변했을지언정 유령에 대한 우리의 호기심은 지금도 변함없다. 그리고 우리는 여전히 그것이 무엇인지 잘 모른다.

하지만 유령 이야기를 본격적으로 시작하기에 앞서, 우리가 찾고 있는 것이 무엇인지 정확히 정의하는 일이 필요하다. 놀랍게도 당신이 생각하는 것만큼 쉬운 일은 아니다.

1

무엇이
유령인가?

(그리고
유령이 아닌가?)

'유령ghost'이라는 단어를 들으면 대부분은 잠깐 스치듯 보이는 반투명한 형체, 또는 죽은 자의 혼령 같은 것이 떠오른다. 좀 더 생각해보면 어둡고 폐쇄된 장소에서 벌어지는 무서운 사건이 떠오를 수도 있고 어디선가 듣거나 본 섬뜩한 이야기나 무서운 영화가 스쳐 지나갈 수도 있다.

하지만 문화적으로 형성된 관념에도 불구하고 '유령'을 정의하는 일은 간단한 작업이 아니다. 오늘날 서양에서는 유령을 죽은 자의 혼령이 우리에게 모습을 드러낸 것이라고 생각하지만, 과거에는 그리고 다른 문화권에서는 유령을 전혀 다르게 보았다. 유령에 대한 믿음은 거의 보편적인 현상처럼 보이기는 하지만, 죽은 영혼이 취하는 형태는 특정 사회의 집단적 상상력에 따라 다양하게 나타난다.

심지어 서유럽 전통에서 'ghost'라는 단어는 지난 500년 동안 그 의미와 형태가 변해왔다. 『옥스퍼드 영어 사전』에 따르면, 이 단어는 원래 독일어 'gást'에서 나왔다. 이 독일어도 옛 튜턴어인 'gaisto-z' 또는 'ghoizdo-z'에서 진화한 단어로 '분노, 화'를 의미한다.

1590년 무렵까지 'ghost'는 죽음 이후의 생존보다는 생명의 본질을 가리키는 말이었다. 이 본래 의미는 'give up the ghost(숨을 거두다)'라는 표현에도 그대로 남아 있는데, 적어도 1388년까지 거슬러 올라가 마태복음 27장 50절을 번역한 문장을 보면 알 수 있다.

"Jhesus eftsoone criede with a greet voyce and gaf vp the goost(예수께서 다시 한 번 큰소리를 지르시고 숨을 거두셨다)." 이 단어는 기독교 삼위일체의 하나인 'Holy Ghost(성령)'라는 말에도 사용된다. 'Holy Ghost'는 히브리어 'ruah ha-qodesh'에 뿌리를 둔다. 여기서 'ruah'는 본래 '숨결' 또는 '바람'을 뜻하므로, 'ruah ha-qodesh'는 인간을 감화시키는 하나님의 신성한 숨결을 가리켰다.¹ 4세기 『성경』의 라틴어 번역판에서는 이것을 'spiritus sanctus'로 번역했는데, 여기서도 'spiritus'는 '숨결' 또는 '바람'을 가리킨다. 중세 영어로 와서는 이 구절이 'holi gost'가 되었다.

'ghost'가 일반적으로 죽은 혼령을 가리키기 시작한 것은 제프리 초서 시대 무렵이다. 초서의 「디도, 카르타고의 여왕」(『선녀열전The Legend of Good Women』 3장에 수록, 1385년경)이라는 작품에서 "오늘밤 잠결에 희미한 혼령이 나타나 나를 괴롭힌다"라는 시구를 썼다. 셰익스피어가 『햄릿』을 썼을 때(1599년부터 1602년까지 그 사이 언젠가)는 유령의 현대적인 의미가 충분히 확립되었는데, 희곡의 주요 등장인물에 포함되어 누군가를 복수하는 일을 완수하는 존재로 나타났다. 또한 「비너스와 아도니스」라는 시에서 셰익스피어는 유령에게 공포와 징조라는 특징을 부여했다.

> 보라, 세상의 가련한 자들은
> 유령과 징조, 귀재를 보고 놀란다
> 그들은 두려운 눈으로 바라본다
> 무서운 예언을 쏟아내는 저들을

이 시에서 죽음은 '음산하게 웃는 유령grim-grinning ghost'으로 묘사된다. 이 구절은 나중에 디즈니랜드의 유명한 공포 놀이기구인 '헌티드 맨션Haunted Mansion'의 주제곡 제목이 된다.

셰익스피어는 또한 『안토니우스와 클레오파트라』에서 폼페이우스가 율리우스 카이사르를 가리켜 필리피에서 브루투스에게 '배신당했다ghosted'라고 표현한다. 군대에서 'ghost'라는 단어는 의무를 저버린 군인을 가리킬 때도 사용한다. 현대 영국 속어로 'ghost'는 야간에 포로를 옮기는 것을 의미하기도 한다.[2]

이 단어는 'ghostess'와 'ghostlet' 두 가지 새로운 명사로 변형되기도 했는데, 각각 여자 유령과 작은 유령을 뜻한다. 또는 시체나 사진을 의미하기도 하고, 힘을 잃은 무언가를 가리키기도 한다he doesn't stand the ghost of a chance(그는 조금도 가망이 없다). 또는 '유령 작가ghost writer'처럼 남의 일을 몰래 수행해주는 사람을 가

성벽에서 아버지의 유령을 보는 햄릿, 로버트 더들리 그림, 다색 석판 인쇄, 1856-8

리키기도 한다. 풍자적인 속어로 쓰이기도 하는데 예를 들면, 연극계에서 'the ghost walks'는 마침내 출연자에게 급료가 곧 나온다는 것을 의미한다. 'ghost turds'는 가구 밑에서 발견된 먼지 뭉치를 가리킨다.[3]

 이 단어의 이면에 있는 개념은 어떤것인가? 유령이 죽은 사람의 혼령이라면, 영혼soul과는 어떻게 다른가? 오늘날 '영혼'은 '유령'의 본래 의미였던 인간의 본질적인 생명력과 동의어다. '유령'은 사후에 나타나는 것을 가리키는 반면, 대부분의 종교에서 영혼은 살아있는 모든 사람에게 있고 죽어서도 어떤 형태로 유지된다고 믿는다. '영혼'과 '유령'이 결정적으로 다른 지점은 살아있는 사람과 상호 작용하는 방식에서 나타난다. 유령은 반드시 살아있는 사람에게 보이거나 들리거나 어떤 식으로든 감각적으로 경험되어야 한다.

유령은 대부분 반투명하거나 흐릿하게 묘사된다. 유령이 나타나면 감촉이나 찬 기운, 특정한 냄새가 느껴질 수는 있지만 유령을 손으로 꽉 움켜잡지는 못한다. 끔찍한 최후를 맞이한 유령은 그 죽음의 흔적을 보여주기도 하고 그렇지 않기도 하다. 심지어 유령의 형태는 볼 때마다 바뀐다. 고대 문화에서는 혼령이 갑자기 동물의 형태로 변한다. 가끔은 단단해져서 인간과 거의 구분하기 어려울 때도 있다.

유령은 죽은 '사람'의 혼령에만 국한시킬 필요는 없다. 여러 문화권에서 죽은 동물의 유령도 흔히 등장한다. 예컨대, 영국에서는 죽은 사냥꾼의 유령이 가브리엘 래칫Gabriel Ratchets 또는 사냥꾼 헤르나라 불리는 죽은 사냥개의 유령과 함께 등장한다. 이 끔찍한 조합을 마주친 누군가는 이들이 죽은 존재라기보다 사실상 사악한 존재라고 생각하겠지만, 이들을 다르게 생각하는 사람들도 있다.

잉글랜드의 리즈 근처에서는 이 사냥개들이 개블 래칫으로 알려져 있고, 부모의 거처 근처를 쉬지 않고 날아다니는, 세례를 받지 못한 아이들의 영혼으로 여겨진다.[4] 잉글랜드의 콘월에서는 자신을 속인 남자 때문에 상심하다가 죽은 소녀가 흰 토끼가 되어 다시 애인에게 돌아왔다는 옛 전설이 있다. 남자는 결국 이

조지 크룩생크, 〈사냥꾼 허른〉, 19세기 판화

흰 토끼가 나타나 죽게 된다.

세계의 종교들은 유령을 다양한 방식으로 다룬다. 유대교와 기독교는 사울과 엔돌의 무당(영매) 이야기에서 알 수 있듯이 유령을 부정적으로 본다. 지도자이자 선지자인 사무엘이 죽은 다음, 사울(이스라엘의 초대 왕)은 모든 신접 행위를 금지한다. 하지만 블레셋 군대가 사울을 치려고 군대를 모집했을 때, 사울은 하나님으로부터 어떤 계시도 받지 못한다. 그래서 스스로 변장한 채 엔돌의 무당을 찾아간다.

무당은 그가 누구인지 알아채고는 처음에는 덫을 놓는 거라 의심하지만, 사울은 사무엘의 혼령에게 조언을 듣기만 할 것이며 그녀는 무사할 것이라고 안심시킨다. 무당이 혼령을 불러오자 혼령은 사울이 하나님의 말씀을 거역한다고 꾸짖고는 블레셋 군대에 크게 패할 것이라고 경고한다.

유령은 오래전 종교에서도 마찬가지로 음침한 소식을 전한다. 호메로스의 『오디세이아』 11권에서 오디세우스는 위대한 예언자 테이레시아스의 유령을 만나기 위해 양을 희생 제물로 바친다. '어두운 그림자'가 나타나 끔찍한 비명 소리를 내고, 양의 피를 마시고, 지하 세계의 암흑에 대한 이야기를 전하고, 오디세이아의 남은 여정에 닥칠 불운을 예언한다. '길가메시, 엔키두 그리고 지하 세계'라는 기원전 2000년경의 수메르 이야기에서 길가메시의 친구 엔키두의 유령은 위대한 영웅에게 돌아와 저승 세계가 얼마나 끔찍한지 경고한다.[5]

그렇다면 유령과 신은 어디에서 만나는가? 19세기 유명한 철학자이자 박식가인 허버트 스펜서는 『사회학의 원리Principles of Sociology』에서 "신은 죽은 사람의 유령이 확장된 것"이라고 말했다.[6]

부타Bhūta(인도 신화에 등장하는 귀신의 일종-역자 주)의 존재를 믿는 인도에서는 유령이 악령demon과 동의어일지도 모른다. 이 악령은 악의를 갖고 살아있는 사람을 홀리거나 폭풍우를 일으키거나 질병을 유발해 죽음에 이르게 하는 망령이다.

꿈속에서 만나는 망령은 유령일까? 꿈속에서 세상을 떠난 사랑하는 사람을 만나는 장면이 역사상 최초로 호메로스의 『일리아스』에서 등장한다. 이 작품 속 주인공인 아킬레우스의 꿈에 절친한 친구 파트로클로스가 나와 자신의 장례를 제대로 치러주고 원수를 갚아달라고 애원한다. 오늘날 심리학자들이 이런 것을 가리켜 '방문하는 꿈visitation dream'이라고 말하는데, 이런 꿈은 애도의 과정에 중요한 부분이라고 이야기한다.[7] 이와 비슷하게 종교적 황홀경 같은 극단적인 정신 상태에서 보게 되는 혼령은 어떤가?

중세에는 기독교 신비주의자들이 황홀경에 빠진 상태에서 죽은 자와 나눈 이야기를 기록했다. 가령, 13세기 수녀 헬프타의 제르트루다는 (여러 질병으로 인한) 육체적 고통에 시달리는 동안 죽은 수녀, 평수사平修士, 기사와 만난 이야기를 묘사했다. 꿈이나 환상 속에서 만난 유령들은 그 누구도 할 수 없는 경고나 예언을 전해줌으로써 어떤 면에서는 세속의 친구들보다 더 큰 역할을 한다. 이들은 좀처럼 공포심을 일으키지 않으며, 오로지 한 명의 인격으로서 단 한 번 만나게 된다. 이러한 혼령들이 분명한 심리적 기능을 제공하고 한 명의 인격 이상으로 만날 수 없다면, 이 책의 목적에 따라 이들은 진짜 유령의 영역 바깥에 존재한다고 여겨질 것이다.

유령이라는 존재가 사람 앞에 모습을 보이고 사람이 제정신 상태에서 느낄 수 있는 영혼이라면, 환영, 혼령, 환상과는 다른가? 사실 이런 단어들은 유령과 거의 동의어처럼 쓰인다. 하지만 '생혼wraith'이라는 단어도 있는데 역시 유령과 동의어로 사용되

헨리 푸젤리, 〈파트로클로스의 유령을 만나는 아킬레우스〉, 1806, 판화

기는 하지만, 여전히 살아있는 사람의 영혼을 가리킬 때 기술적으로 사용된다.

스코틀랜드의 전설에서 생혼 또는 생령fetch은 사랑하는 사람이나 친구에게 경고하기 위해 등장하는 존재를 가리킨다. 가끔은 사람이 죽는 바로 그 순간에 보이는 존재를 지칭하기도 한다. 가장 유명한 생령 이야기 중에 콘월 백작이 숲속에서 사냥하던 도중 친구인 윌리엄 루퍼스와 우연히 만나는 장면이 있다.

> 그는 어두운 숲속을 지나 황야 지대를 내달릴 때 거대한 검은 염소가 들판 위를 돌진하는 모습을 보고는 깜짝 놀랐다. 검은 염소가 빠르게 다가오고 있었는데, 그 짐승은 벌거벗은 몸이 까무잡잡하고 가슴 중앙에 상처가 난 '루퍼스 왕'을 등에 태우고 있었다. 로버트는 염소에게 등에 태우고 있는 것이 무엇인지 말하라고 삼위일체의 이름으로 명했다. 그러자 염소는 "나는 당신의 왕을 심판하고 있다. 그래, 바로 독재자 윌리엄 루퍼스 말이다. 나는 그가 하나님의 교회에 품었던 악의에 대해 복수하는 악령이다." 이렇게 말한 뒤 검은 염소는 사라져버렸다. 콘월 백작은 이 상황을 부하들에게 전했고, 머지않아 바로 그 시각에 윌리엄 루퍼스가 죽임을 당했다는 사실을 알게 되었다.[8]

'망령revenant'이라는 단어는 유령이라는 뜻으로 사용되기도 하지만, 좀 더 정확하게는 육신을 입고 돌아온 죽은 사람을 가리킨다. 보통 폭력과 관련 있는 이 망령은 살인과 공포를 계속해서 일으키는 희생물이기도 하다. E. T. A. 호프만은 『악마의 묘약Devil's Elixir』(1815)에서 망령에게 길을 잃고 헤매는 초자연적 존재라는 캐릭터를 부여했다.

"나는 저주받은 영혼 같았다. 마치 망령처럼 땅 위를 배회할 운명에 처했다."[9]

망령이 살아있는 사람의 피를 먹기 위해 육체를 입고 돌아왔다면, 그것은 바로 흡혈귀였다. 유령은 다른 초자연적 존재와도 특이한 관계를 갖는다. 바빌로니아의 에딤무Edimmu는 보통 유령으로 분류하지만 인간을 괴롭히는 악령에 속하기도 한다.

기원후 2세기 작가인 아풀레이우스는 『소크라테스의 신The God of Socrates』에서 유령을 악령으로 언급하고, 더 나아가 선한 영혼이 선한 악령을 만들어낼 수 있다고 말한다. 초기 기독교 작가인 테르툴리아누스는 기원후 200년 무렵에 "죽은 사람 속에 스스로를 숨기는 악령에 의해 자행된 속임수"라는 표현을 썼다.[10]

중국에서 '귀鬼'라는 단어는 죽은 영혼과 신성한 영혼 둘 다를 가리킨다. 유령은 확실히 흡혈귀와 같은 존재와는 구별되지만(흡혈귀는 죽은 뒤에도 계속 육체를 입고 있으므로), 일부 신화에서는 유령을 악령이나 귀신과 명확하게 구분 짓지 않는다.

'겔로gello'로 알려진 유럽의 괴물은 유령의 특징과 악령의 특징이 혼재되어 있다. 그리스 시인 사포sappho의 단편 시에서 겔로는 유아와 어린아이를 피를 빨아 먹어 죽이는 존재로 그려진다. 인간이 죽어서 겔로가 된 것으로 보이는데, 악한 성질을 가지고 있지만 성性과 같은 인간의 특징을 유지하고 있다(일반적으로 악령은 성이 없는 존재로 여겨진다). 겔로의 본성에 관한 논의가 18세기 기독교 신학자들 사이에서 불붙었다. 이들은 겔로에 대한 믿음을 예수의 영적 본성에 대한 믿음으로 확장시켰다. 교회에서는 공식적으로 겔로의 존재를 부정하지만, 유아를 죽이는 원혼을 가리키는 겔로우데스gelloudes는 여전히 그리스에서 소름끼치는 단어다.

신령이든 악령이든 그냥 유령이든 이 혼령들은 살아있는 사람들에게 나타나 위험한 징조를 알린다. 그러나 유령이 늘 불행한 운명을 알리는 메신저 역할만 하는 것은 아니다. 중국인과 남미인은 축제(각각 걸신 축제나 '죽은 자의 날')를 즐기는데, 이 축제에서 죽은 가족들이 돌아와 생전에 좋아했던 음식을 먹는다고 믿는다. 이 경우에는 둘 다 혼령들이 해를 입히지 않는다. 물론 조상신을 달래기 위해 예의를 갖추려면 비용이 많이 든다.

반면, 유럽에서 고대와 중세에 유령은 무섭고 불길한 이미지를 유지했다. 고대 그리스 로마에서는 유령을 만난다는 것은 (그것이 영웅의 유령이 아니라면) 곧 죽음을 의미했다. 마법사나 마녀의 사주를 받은 유령은 자기도 모르는 희생자를 죽음으로 몰고 갔다. 계몽주의 시대까지 유령은 대부분 폐허나 흉가와 관련 있었다. 18세기 후반부터 19세기 초반까지 호레이스 월폴, 앤 래드클리프, 매튜 루이스 같은 고딕 문학가들은 자신들의 소설에서 두려움을 일으키는 존재로 유령을 활용했다. 월폴의 고전 소설 『오트란토 성The Castle of Otranto』(1764)에 등장하는 비앙카는 이렇게 말한다.

"오! 여인이여, 나는 세상을 위해 유령에게 말하지 않을 것입니다."¹¹

19세기 후반에는 유럽과 미국에서 강신술이 대유행하면서 유령의 의미도 바뀐다. 유령은 더 이상 폐허가 된 수녀원이나 대저택에서 공포심을 일으키고 희미한 형체로 나타나고 오싹한 기운을 느끼게 하는 존재가 아니었다. 그보다는 신뢰할 만한 영매를 통해 (물론 복채가 필요하지만) 죽은 가족이나 친구를 안전하게 불러내고 간단한 질문에 대한 대답도 들을 수 있게 되었다.

19세기에는 유령에 대한 또 다른 신선한 관점도 등장했다. 강신술에 대한 반작용으로 처음으로 회의론이 널리 퍼졌다. 리오넬 A. 웨덜리는 『초자연적 존재라고?The Supernatural?』라는 책에서 기존의 피터 언더우드가 제시한 유령의 10가지 유형과는 상당히 다른 분류 체계를 제안한다. 웨덜리는 유령은 1. 속임수, 2. 착각, 3. 환영, 4. 환각의 결과라고 설명한다.¹²

비록 강신술의 영매들이 급격히 신뢰를 잃어갔지만, 새로운 유령은 측정되고 의심받을 수 있는 존재였다. 20세기에는 과학기술과 심리학이 변화하면서 유령도 변화했다. 한편으로 지그문트 프로이트는 유령에 대한 공포를 '거세 콤플렉스castration-complex'

와 연관시키면서 이렇게 말했다. "우리의 공포는 여전히 죽은 사람이 산 사람의 적이 되고 죽은 사람이 산 사람을 저승으로 데려가길 바란다는 오랜 믿음을 담고 있다.[13] 한편으로는 과학이 발전하면서 유령의 존재를 증명할 증거를 찾고자 했지만 성공하지는 못했다. 21세기에 등장한 영화와 책에서는 유령이 이성적이고 지적인 성인들에게 겁을 주는 엄청난 힘을 가진 존재로 그려지고 있다.

2

죽음의 땅

: 초기의 목격자들

초기 인류의 기록이라 할 수 있는 유럽 도처의 선사시대 동굴 벽화를 보면, 흥미롭게도 원시인들이 사냥한 먹잇감의 유령이 그려져 있다. 사실 아프리카의 원시 사냥꾼들이나 라스코 동굴 거주자들이 하루가 저물 무렵 모닥불에 둘러앉아 낮에 있었던 사냥 이야기를 나누는 모습을 쉽게 상상할 수 있다. 그러면서 불꽃이 닿지 않는 어두운 곳에 얼마나 많은 죽은 친족들이 그들을 기다리고 있는지 긴장된 표정으로 흘끗 쳐다봤을지도 모른다.

하지만 우리는 선사시대 인류의 조상들이 사후 세계에 대해 무슨 생각을 품고 있었는지 확실히 알지 못한다. 동굴에 남아 있는 기록을 보고 해석하고 추측할 뿐이다. 초기 인류에게는 특별한 장례 의식을 치렀다는 증거가 남아 있다. 시신은 보통 다리를 들어 올린 채 몇 가지 부장품과 함께 매장했다. 이는 일종의 사후 세계를 준비하는 행위로 추측된다.

고대의 역사 기록물에서도 몇 가지 형태로 유령의 존재를 언급하고 있다. 기원전 2500년경에 고대 메소포타미아의 기록에는 1장에서 언급한 길가메시의 친구인 엔키두 유령 이야기뿐만 아니라, 에딤무라 불리는 유령에 대한 믿음도 널리 퍼져 있었다. 에딤무는 일반적으로 에킴무êkimmu로 잘못 읽었는데, '붙잡는 자seizer'로 번역되며 '붙잡다'를 뜻하는 에케무êkemu에서 나온 말이다. 하지만 실제로 이 단어는 죽은 자의 영혼을 가리킬 때 일반적으로 쓰는 말이다.[1]

에딤무는 사람들을 홀리거나 병에 걸리게 할 수 있었다. 정교한 퇴마 의식을 치르려면 흑백 실로 희생자를 감고 므로닥Merodach 신을 불러야 했다. 한 바빌로니아의 창조 이야기를 보면, 에딤무는 육체를 입은 신이고 죽은 뒤에 유령이 된다(동물은 에딤무가 되지 않는다). 이제 막 죽은 사람이 제대로 장례 의식 치러지면, 에딤무는 자애로워질 것이다. 하지만 장례가 제대로 치러지지 않으면, 유령은 분을 품고 복수하며 살아있는 친족에게 질병을 일으킬 것이다.

서양 가톨릭에서 연옥에 매여 있는 영혼이라는 관념과 비슷하게 중국에서는 귀신(유령)의 존재를 설명한다. 다시 말해 귀신은 땅에서 하늘로 옮겨 가는 과정에 있는 영혼을 가리키는 것이다. 물론 영혼이 지옥에 갇혀 있는 경우도 있다. 전통적인 불교 설화인 '목련구모目蓮救母'는 목련이라는 한 남자가 지옥에서 굶주림의 고통을 겪는 어머니를 구하는 이야기다.

지하 세계의 위험한 여정을 떠난 끝에 어머니의 귀신을 만나 음식을 건네주려 하지만 음식은 어머니가 받기도 전에 불타 사라지고 만다. 부처는 목련이 음력 7월 15일에 기도할 승려 10명을 찾아서 어머니를 구할 수 있도록 기회를 제공하고, 마침내 어머니의 귀신은 고통으로부터 해방된다. 이 설화는 우란분盂蘭盆으로 알려진 불교 행사의 중심 주제인데, 이 행사는 오늘날의 음력 7월 15일에 열리는 걸신 축제로 통합되었다.

공포 영화에서는 고대 이집트가 자주 미라의 본고향으로 나오지만, 실제로 미라는 다채로운 이집트 신화의 일부에 불과하며 유령에 대한 기이한 믿음을 담고 있다. 이집트인들은 단순히 하나로 된 영혼이 아닌, 하나의 독립체를 이루기 위해 다수의 영혼이 결합된 존재를 믿는다.

'카ka'는 갓 태어난 영아의 몸에 깃들었다가 죽을 때 강제로 분리되는 혼을 가리킨다. 이는 육체와 밀접하게 연결되어 있어 살아있을 때와 마찬가지로 무덤에 있을 때도 먹을 것과 마실 것, 기타 생필품 등을 제공해야 한다고 생각했다.

'바ba'는 개개인의 인격을 가리키고, '아크akh'는 저승으로 험난한 여정을 떠나는데, 일련의 시험을 통과하면 마침내 심판자인 오시리스 앞에 서게 된다. 육체의 보존, 즉 미라화(기원전 1000년경 제21왕조 가장 발달한 기술)는 영생을 추구하는 아크에게 필수적 요소였다. 약 1,200자로 이루어진 글이 아크가 저승에서 위험에 닥칠 때 도움을 주었다. 이 관구문棺構文, Coffin Texts은 나중에 『사자의 서』라는 책에 담겼고, 주로 석관이나 목관 내부에 그려졌다.

유령의 존재를 믿었던 고대 이집트에서도 죽은 조상에게 적절히 예의를 갖추는 것이 성공을 보장하고 위험을 피하는 하나의 방법이었다. 사고와 비극은 유령의 탓으로 돌렸다. 예컨대, 짐승의 습격은 죽은 영혼이 일으킨 일이라고 생각했다. 가족 간 분쟁이 일어났을 때 도움을 구하기 위해 죽은 가족의 영혼에게 편지를 쓰기도 했다. 이러한 편지가 지금은 소수만 남아 있지만, 역사가들은 이집트인들이 구두口頭로 죽은 가족에게 메시지를 남겼을 가능성도 있다고 말한다.

고대 이집트의 유령은 특히 어린아이들에게 가까이 다가간다고 생각했는데, 미라화된 유령의 입으로 빨아들이는 숨을 아이들이 찾기 때문이다. 또 어린아이들은 단순히 무서운 것을 보고 놀라서 죽기 때문이다. 어머니들은 상추, 마늘, 짚, 뼈, 꿀로 부적을 만들었고, 밤에 아이들에게 자장가를 불러주었는데, 이것이 20세기 초반에는 다소 기이하게 번역되었다.

썩 물러가라! 밤의 유령들아,
내 아이를 해하지 못한다.
아무리 조용히 다가와도,
부적으로 막아낼 것이다.

내 아이에게 입맞춤해선 안 된다.
내 아이를 울려서도 안 된다.
오! 네가 무언가 잘못을 저질렀다면.
내 사랑스러운 아이는 죽을 것이다.

오, 죽은 자여 가까이 오지 말라.

나에게는 부적이 있도다.

너를 따갑게 찌를 상추가 있고,

고통스러운 냄새를 풍길 마늘이 있다.

짚이 마법의 주문처럼 꼬아져 있고,

마법의 뼈들이 펼쳐져 있다.

꿀은 살아있는 자에게는 달콤하지만,

죽은 자에게는 독이 될 것이다.[2]

유령은 지금까지 남아 있는 고대 그리스의 문헌에도 자주 등장한다. 역사학자 대니얼 오그던은 유령을 네 가지 유형으로 분류한다.

아오로이aôroi: 태어나기 전에 죽은 사람의 영혼

바이(아이)-오타나토이bi(ai)-othanatoi: 폭행으로 죽은 사람의 영혼

아가모이agamoi: 결혼 전에 죽은 사람의 영혼

아타포이ataphoi: 장례를 치르지 못한 사람의 영혼.[3]

그리스 로마의 유령은 후대의 유령과 공통점이 많다. 예를 들면, 꿈속에서 잘 나타나고 복수하고자 하는 욕구가 강하고 집보다는 묘지에서 더 자주 볼 수 있다. 철학자 소크라테스와 4세기 황제 콘스탄티누스 2세는 둘 다 무덤 근처에는 유령이 존재한다고 언급한다. 심지어 콘스탄티누스 2세는 357년에 무덤을

도굴하고 유령을 '수집하는' 마법사에게는 사형에 처하는 법까지 만들었다.

로마의 작가 아풀레이우스는 『소크라테스의 신』이라는 책에서 다음과 같이 유령의 목록을 만들었다.

> 두 번째 의미에 따르면 또 다른 종류의 유령이 있다. 이것은 이승에서 생을 다하고 육신을 벗은 인간의 영혼을 가리킨다. 이것은 고대 라틴어로 '레무르Lemur'라는 이름으로 불린다. 레무르 중에서 집에 거주하며 자손을 보호하는 가정의 수호신은 '라르Lar'라고 불린다. 하지만 살아생전에 악한 일을 저질러 그 벌로 정처 없이 떠돌아 다녀야 하는 유령은 보통 '라르베Larvæ'라고 하는데, 선한 사람에게는 싱거운 공포에 불과하지만, 악한 사람에게는 징벌의 원천이 된다. 그러나 특정한 상황으로 분류하기 어려울 때는, 라르이든 라르바이든 상관없이 명예를 위해 부여된 이름인 마네스Manes 신으로 불린다.[4]

다른 로마 학자들은 오직 '마네스'는 선한 영이고, 반면 레무레스lemures와 라르베는 폭력적이라고 말한다(라르베는 특정 지역과 연결된 공격적인 유령인 '정령'과 비교하기도 한다). 5월에 열린 로마의 축제 레무리아Lemuria는 집에서 레무레스를 추방하기 위해 다음과 같은 의식을 치렀다고 한다.

> 한밤중에 모두가 깊은 잠에 빠지고 개들과 온갖 새들도 고요할 때,

예배자는 마음속에 오랜 의식儀式을 품은 채 유령을 두려워한다. 그는 침묵 속에서 희미한 그림자를 만나지 않기 위해 어떤 매듭으로도 그의 발을 묶지 않고 엄지손가락을 깍지 낀 손가락 한가운데에 대고 표식을 한다. 그리고 샘물로 손을 깨끗이 씻은 다음 검은 콩을 받고 얼굴을 옆으로 돌린 채 던진다. 그러면서 이렇게 말한다. "나는 콩을 던진다. 이것들이 나를 구원하리라." 뒤를 돌아보지 않고 이 말을 아홉 번 반복한다. 그 그림자가 콩을 모아서 뒤에서 몰래 따라온다고 생각한다. 다시 예배자는 물을 만지고 테메산 청동을 두드리고 그림자에게 이 집에서 나가라고 명령한다. "조상들의 유령이여, 나가라!"라고 아홉 번 말하고 뒤를 돌아보면서, 예배자는 신성한 의식을 충분히 치렀다고 생각한다.[5]

고대에 유령을 쫓아내는 의식은 때로 콩을 가지고 하는 것보다 훨씬 덜 점잖았다. 예를 들어, 그리스인들은 이런 행위까지 했다. 클리타임네스트라는 트로이전쟁에서 돌아오는 남편 아가멤논을 살해했는데, 이 과정에서 시신의 손발을 자르고 이것들을 줄로 하나로 묶어서 목에 걸어 손발이 시신의 겨드랑이 바로 뒤에 매달리게 했다. 이는 유령의 손발을 묶어 암살자에 대한 복수를 방지하기 위한 조치였다.

하지만 악심을 품은 유령은 효과적인 용도로 사용되기도 했다.

『변신 이야기Metamorphoses』에서 아풀레이우스는 남편을 죽이기 위해 마녀를 고용한 어느 성난 아내의 이야기를 들려준다. 그 마녀는 살해된 여자의 영혼을 불러내 남편에게 보낸다. 남편은 처음에 그 유령이 병약하고 빈곤하지만 살아있는 사람인 줄 알았다. 그러나 유령은 사라지고 남편은 목이 매달려 죽은 채 발견된다(살해인지 자살인지 원인은 전혀 드러나지 않는다).

가장 유명하고 자주 언급되는 고대의 유령 이야기에서, 한 철학자가 유령이 출몰한다고 알려진 어느 집을 빌린다. 소小 플리니우스 버전의 이야기에서는 유령이 철커덕거리는 사슬로 묘사된다(유령의 손발이 쇠사슬로 묶여 있다). 루키아누스 버전의 이야기에서는 유령이 여러 끔찍한 짐승으로 변신하는데, 결국 이집트 마법의 주문에 굴복하고 만다. 이 모든 이야기에서 유령은 철학자를 그 집의 어느 지점으로 인도한다. 다음 날 그곳을 파내 오랫동안 잊힌 유령의 시신을 발견하게 한다. 격식에 맞춰 장례를 치러주자, 유령은 사라지고 집은 다시 안전해진다. (그로부터 약 1,500년 후에 16세기 스페인 작가 안토니오 데 토르케마다antonio de torquemada는 『기이한 꽃들의 정원A Garden of Curious Flowers』이라는 책에서 비슷한 이야기를 서술한다. 이야기에는 바스케스 데 아욜라라는 젊은이가 등장한다. 그는 볼로냐에 공부하러 와서 유령이 출몰하는 어느 큰 집을 빌린다. 한 달 후 어느 날 밤 그는 쇠사슬에 묶인 흉측한 유령을 보고 기겁한다. 유령은 젊은이를 정원의 어느 지점으로 인도한다. 날이 밝아 그곳을 파내자 쇠사슬에 묶인 오래된 시신이 나온다. 그 집에는 더 이상 유령이 출몰하지 않게 되었고, 토르케마다는 이 사건의 목격자가 여전히 살아있다고 주장한다.)

역사가 플루타르코스는 「키몬의 생애」에서 그의 고향인 카이로네이아에 있는 유령이 나타나는 욕실 이야기를 전한다. 로마 군인들을 죽이고 마을 주변을 파괴한 범법자 다몬을 도시 거주민들이 욕실로 유인해 죽이려고 그가 옷을 벗고 오일을 바를 때까지 기다렸다. "끔찍한 신음 소리와 한숨 소리"가 수차례 들린 후에 그곳을 벽으로 막아놓았다. 플루타르코스는 당시에도 그 욕실에서 여전히 '울부짖는 신음 소리'가 들렸다고 이야기했다.[6]

유령은 마주치는 사람에게 대부분 치명적인 영향을 미치지만, 보통은 실체가 없고 만져지지도 않는다. 물론 이례적인 경우도 있는데, 『오디세이아』에서 율리시스(오디세우스)는 하데스(저승 세계)에서 죽은 자의 영혼을 불러오기 위해 제물로 검은 숫양을 바친다. 오디세우스의 어머니인 안티클레이아의 망령이 나타나 검은 숫양의 피를 마신다.

기원후 2세기에 아내를 맞이하고 나흘째 되던 밤에 죽은 폴리크리토스의 이야기는 훨씬 더 피비린내가 난다. 그로부터 9개월 후 아내가 양성兩性의 아이를 낳는다. 곧 아이는 지역 시민들 사이에서 분쟁의 대상이 된다. 아이에게 남자와 여자 생식기가 모두 있을 뿐만 아니라, 아이의 부모도 서로 적대적인 지방 출신이었기 때문이다. 이때 갑자기 폴리크리토스의 유령이 나타나 시민들에게 아이를 돌려주고 이 분쟁을 끝내달라고 호소한다. 하지만 시민들은 여전히 분쟁을 멈추지 않자, 유령은 아이를 잡아다가 머리만 남긴 채 게걸스럽게 먹어 치운다. 폴리크리토스의 유령이 사라지고, 머리만 남은 아이는 그 도시에 닥칠 불길한 예언을 쏟아낸다.

가끔 이렇게 회귀하는 영혼은 육체적인 행동(성적인 행동도 포함)을 보이므로 유령보다는 '망령revenant'에 가깝다고 봐야 한다. 이런 망령은 분명히 육체에 깃든다. 플레곤Phlegon의 『경이로운 사건들Book of Marvels』(기원후 2세기)이라는 책에 등장하는 필리니온은 망령이자, 젊은 남자의 피를 빨아먹는 여자 흡혈귀다.

필리니온이 죽고 6개월 후에 다시 나타나 젊은 남자인 마하테스와 한 방에 있는 걸 그 집 하녀가 발견한다. 하녀가 이 사실을 필리니온의 어머니에게 보고하자, 어머니는 오히려 하녀를 의심하며 화를 낸다. 어머니와 하녀가 마하테스가 머문 방에 도착했을 때는 이미 아침이 되어 필리니온이 사라지고 난 다음이었다. 하지만 다음 날 밤에 필리니온은 다시 돌아오고 이번에는 부모 앞에 모습을 드러낸다.

부모가 깜짝 놀라자 그녀는 마하테스를 보고 싶어 신의 도움으로 돌아올 수 있었다고 말하고는 곧바로 두 번째 죽음을 맞는다. 가족 무덤이 열렸을 때 필리니온의 관에는 마하테스의 물건들만 있었다. 한 예언자가 여자의 시신을 집에서 꺼내 장례식을 치러주고, 그녀를 만난 모든 사람은 스스로 정결해지는 의식을 거행하라고 충고한다. 그러나 마하테스는 절망에 빠져 스스로 목숨을 끊는다.

이처럼 이승으로 돌아온 영혼들이 인간에게 해를 끼치는 것을 고려하면, 로마인들이 망자를 달래거나 쫓아내기 위해 다양한 휴일을 만든 것은 놀랄 일이 아니다. 레무리아뿐만 아니라, 2월에는 아흐레 동안 파렌탈리아Parentalia를 개최해 조상들을 기리며 무덤에 제물을 바친다. 파렌탈리아의 절정은 칠흑 같은 한밤중에 열리는 페랄리아Feralia라는 축제인데, 이 축제는 좀 더 공격적인 유령들을 달래는 것이 목적이었다. 오비디우스는 『로마의 축제들Fasti』 제2권에서 전쟁에 몰두한 로마인들이 죽은 친족을 기리는 것을 잊은 시기를 다음과 같이 묘사한다.

> 옛날에 전쟁이 격렬하고 오래 이어지자 그들은 '위령의 날'을 지키지 않았다. 결국 그들은 벌을 피할 수 없었는데, 그 불길한 날부터 로마는 도시가 불타지 않았는데도 뜨거워지기 시작했다. 나는 상상도 못 한 일이지만, 조상의 영혼들이 무덤에서 나와 고요한 밤에 신음과 탄식하는 소리를 냈다고 한다. 흉측하게 새긴 유령들이 도시의 거리와 넓은 들판을 활보하며 울부짖었다고 한다.[7]

한편, 그리스의 시인이자 역사가인 헤시오도스는 일종의 선한 유령을 언급한다. 그들은 영웅의 혼령 또는 '인간의 황금 종족'을 가리킨다. 이 자애로운 유령은 "이승의 어느 곳에서든 파멸과 악한 일로부터 인간들을 지켜주는 수호신"이었다.[8]

이 영웅적인 유령들은 경고나 예언을 전달하기도 했다. 가장 유명한 사례는 고대 로마의 위대한 시인 베르길리우스가 기원전 20년경에 쓴 『아이네이스』에서 확인할 수 있다. 트로이전쟁에서 살아남은 방랑자 아이네아스는 로마인들의 전설적인 조상이 된다. 『아이네이스』 열두 권 중 두 번째 책에서, 트로이 사람들이 속아서 목마를 끌고 들어간 그날 밤 아이네아스는 트로이에 있었다. 아이네아스는 트로이의 영웅 헥토르의 유령에게 경고를 듣는다.

헥토르는 이전에 섬뜩한 죽음을 맞이했다. 그의 시신은 달리는 마차에 끌려가는 치욕을 당해야 했던 것이다. 헥토르의 유령은 눈앞에 나타나자 아이네아스는 "머리와 수염이 쭈뼛 솟았고 피도 거꾸로 솟았다"고 말한다.[9] 헥토르는 아이네아스가 로마 건국에 참여하게 될 것이라고 말한다. 제6권에서 아이네아스는 신전에 들어가 신들에게 하데스에 내려가 아버지를 만나게 해달라고 간구한다. 일곱 마리의 황소를 제물로 바친 후에, 아이네아스는 마침내 하데스로 내려가는 것을 허락받는다.

이 책의 나머지 상당 부분은 지하 세계에서 벌어지는 장면을 묘사한다. 아이네아스는 어마어마한 숲과 거대한 강 아케론에 당도하고, 고르곤을 비롯해 무시무시한 괴물들과도 맞닥뜨리고, '죽음의 신'과 그의 이복형제인 '잠의 신'도 만난다. 신전의 여사제는 그에게 하데스에 내려가는 것은 쉽지만, 다시 돌아오는 길은 아주 어렵다고 경고한다. 아이네아스는 하데스에서 친구들의 영혼을 만나 그들이 죽게 된 사연도 듣게 되고, 결국은 아버지인

안키세스를 찾는다. 그는 세 번이나 아버지를 안으려 하지만 번번이 실패한다.[10] 저승에서는 유령이 연기와도 같아 손으로 잡을 수 없기 때문이다.

그리스와 로마의 극장에서도 죽은 자의 영혼에 대한 관심을 보인다. 물론 그리스인보다 로마인이 그런 경향이 더 강하다. 그리스의 유명한 극작가 에우리피데스의 『헤쿠바』는 트로이의 어린 왕자 폴리도로스의 유령이 등장하면서 시작된다. 트로이전쟁 기간에 트로이 왕은 아들 폴리도로스를 보호해달라며 재산과 함께 친구인 폴리메스토르에게 보냈다. 하지만 트로이가 패배하자 폴리메스토르는 친구의 재산이 탐나 폴리도로스를 죽이고 시신을 바다에 버린다. 장례도 치르지 못한 폴리도로스는 이승을, 특히 어머니 헤쿠바 주변을 떠도는 신세가 된다.(학자들은 당시 그리스인들이 유령을 무대 위에 어떻게 등장시켰을까를 두고 여전히 논쟁 중이다. 어떤 이들은 유령이 말 그대로 높은 곳, 가능하다면 극장의 지붕 위에라도 나타났을 것이라고 주장한다. 다른 이들은 이 높은 곳이라는 표현은 문자적인 의미가 아니라 긴장감을 고조시키는 은유적인 의미라고 주장한다.[11])

후대에 로마의 극작가인 파쿠비우스 폴리도로스의 비극을 『일리오나』라는 희곡에서는 장례식을 치러달라는 죽은 영웅의 간절한 호소를 포함해 단 몇 줄만 그대로 살리고 나머지는 자신만의 버전으로 썼다. 소포클레스의 희곡 『폴릭세네』에서는 이야기를 다른 식으로 바꿔 전쟁 후에 그리스인들이 트로이를 떠나는 장면부터 시작하고, 아킬레우스의 유령이 등장해 폴릭세네의 희생을 요구하는 이야기만 나온다.

아이스킬로스의 비극 『페르시아인들』에서 다리우스의 영혼은 이승으로 소환되면서 다음과 같은 어려움을 호소한다.

> 죽음으로부터 돌아오는 건 쉽지 않다.
> 진실로, 지하의 음울한 신들에게
> 붙잡히는 건 쉽지만 벗어나는 건 힘들다![12]

로마 극작가의 유령은 그리스 극작가의 유령보다 더 피에 굶주린 듯 보인다. 장례식을 치러주기 전까지만 얌전히 출몰하는 것을 넘어 인정사정없이 파괴하는 것에 더 관심이 있다. 로마의 극작가인 세네카의 『옥타비아』에서는 아그리피나의 유령이 복수를 꿈꾸는 장면이 나온다.

> 죽어서도 여전히
> 잔인한 살인의 기억은 살아있고
> 나의 영혼을 더럽힌 모욕이
> 아직도 복수를 외치고 있다.[13]

이와 유사하게, 세네카의 비극 『티에스테스』에서도 복수의 세 여신 Fury이 탄탈로스의 유령에게 이승으로 돌아와 그의 손자의 집에 불화를 일으키라고 명령한다.

플라우투스의 『모스텔라리아(유령이 출몰하는 집)』에서 한 유령이 다음과 같이 끔찍한 말을 쏟아낸다.

> 하데스의 왕은 나를 들여보내지 않았다.
> 내가 너무 일찍 죽었기에. 그리고 나는 속고 말았다,
> 누군가의 명예 탓에. 나의 주인이 나를 죽였다.
> 장례도 치르지 않고 몰래 나를 묻어버렸다.
> 죄로다. 돈 때문에 지은 죄. 얘야, 여기서 나가라!
> 이 집은 죄와 저주로 가득하단다.[14]

그런데 여기서 놀라운 점은, 많은 비평가들이 생각하듯 플라우투스의 희곡이 실제로는 똑똑한 노예 트라니오가 등장하는 희극이라는 사실이다. 그의 젊은 주인은 집에서 한창 섹스 파티를 열고 있는데, 그때 출타한 아버지가 3년 만에 갑자기 집으로 돌아온다. 트라니오는 아버지가 들어오지 못하게 하려고 집에 유령이 출몰한다고 이야기를 지어낸다. 기원전 2세기에 나온 『모스텔라리아』는 아마도 역사상 최초의 유머러스한 유령 이야기일 것이다.

유럽 북쪽의 범신론적인 튜턴족 종교에도 유령 설화가 풍부하다. 북유럽 신화의 최고신인 오딘은 '혼령들의 주인'을 뜻하는 '드라우가 드로트Drauga Drott'라 불리기도 했다. 왜냐하면 유령(드

라우가)들을 부활시키는 능력을 지니고 있었기 때문이다. 드라우가르와 하우그바우어haugbúar(무덤에 거주하는 유령)는 북유럽의 여러 사가와 『에다』에 등장하는 공포스러운 존재다. 드라우가르에는 두 유형이 있다. 하나는 자신의 의지로 죽음에서 돌아온 유령인 압투르굉구르Apturgöngur이고, 또 하나는 주술사의 요청에 따라 불려온 유령인 웁바크닝가르Uppvakningar이다. 압투르굉구르는 보통 부富와 관련이 있는데, 남겨두고 온 유산 상속자를 확인하려고 이승으로 돌아오기도 하고, 자신이 묻어둔 재산을 보호하기 위해 무덤을 지키기도 한다. 웁바크닝가르는 120년을 존재한다고 알려졌는데, 첫 40년 동안에는 힘을 키우고, 그다음 40년 동안에는 그 힘을 유지하며, 마지막 40년 동안에는 힘이 점점 빠진다.

드라우가르는 힘이 없는 희미한 영혼이 결코 아니다. 오히려 망령 즉, 살아있는 사람과 육체적으로 소통할 수 있는 되살아난 시신에 가깝다. 이 죽은 사람들은 예전에 무덤에 갇힌 자들이었다.

그들은 주로 무덤에서 나와 걷고 심지어 탈것을 타기도 한다. 주로 어두워질 때 활동하지만, 때로는 안개가 끼거나 먹구름이 껴 어두운 낮에도 활동한다. 가끔 꿈이나 최면 상태에서 모습을 보이기도 하지만, 일반적으로 무언가 선물을 남기고 떠나, 꿈이나 최면 상태에서 깨어났을 때 살아있는 사람은 그 존재가 분명히 실재한다는 사실을

확신하게 된다.[15]

'무덤 거주자'를 뜻하는 하우그부이haugbúi와 자주 시와 관련 있어, 무덤 주변을 돌아다니는 사람들에게 시를 읊어준다.

아이슬란드의 『플라테이야르복Flateyjarbók』에는 토르레이프 Thorleifr라는 하우그부이 이야기가 나온다. 그는 덴마크 궁정의 위대한 시인이었는데, 야를 하콘의 분노를 사게 되었다. 야를은 마법사들에 도움을 요청해 나무 인간을 만들어 토르레이프에게 치명상을 입히게 했다. 토르레이프는 결국 무덤에서 영면에 들게 되었다.

하루는 할브요른Hallbjörn이라는 양치기가 그 무덤 주인에게 부치는 시를 쓰다가 잠이 들었다. 그때 토르레이프의 유령이 무덤 밖으로 나와 할브요른의 혀를 움직여 자신을 위해 시를 낭송하게 했다. 할브요른은 잠에서 깨어났을 때도 그 시를 기억하고 있었고, 곧 그는 많은 사람의 칭송을 받는 위대한 음유시인이 되었다. 그런데 드라우가르와 하우그부이가 늘 자애로운 존재인 것은 아니었다. 『에위르뷔갸 사가Eyrbyggja』에서는 토롤프의 끔찍한 이야기를 전한다.

토롤프의 유령은 아무도 살고 있지 않은 농장에 출몰했다. 아르켈이 죽자 볼스타드는 부랑자가 되고 말았다. 토롤프의 유령이 농장에 나타나 사람들과 짐승들을 모두 죽이는 바람에 이제는 누구도 농장

에 남아 있으려 하지 않았던 것이다.[16]

락스다엘라 사가Laxdaela Saga에서 괴팍한 유령인 하프Harrp도 다시 돌아와 농장의 하인들을 죽였고, 결국 그의 시신은 파내어져 멀리 보내졌다. 그레티스 사가Grettir's Saga에서는 주인공이 달빛 아래 두 눈을 번쩍거리는 드라우가와 싸운다. 그 바람에 시력이 나빠진 주인공 그레티스는 평생 이 유령을 잊지 못한다.

드라우가와 싸우는 많은 이야기에서는 드라우가의 무덤에 들어가 시신의 목을 자르는 영웅이 등장하는데, 그럼으로써 유령의 보물을 빼앗고 유령을 제압한다. 하지만 드라우가도 악한 마법사 트롤스카프trollskap를 부르기 때문에 무덤에 들어가는 것은 위험천만한 일이기도 하다.

스칸디나비아반도의 유령 이야기들이 모두 그렇게 폭력적이거나 시적인 것만은 아니다. 『플라테이야르복』에 나오는 '토스타인 쉬버 이야기'는 좀 더 유머러스하다. 드라우가와 싸워 이긴 어느 협잡꾼의 이야기다. 토스타인은 올라프 왕이 라임이라는 농장에서 베푸는 축제에 참석한다. 저녁에 술자리가 무르익자 왕은 축제 참석자들에게 밤에 누구도 혼자 밖으로 돌아다니지 말라고 경고한다. 그런데 토스타인은 밤중에 갑자기 용변이 마려워 왕의 경고를 무시하고 변소로 나간다.

변소는 자리가 22개나 될 정도로 컸다. 토스타인이 자리를 잡고 앉자 변소 끝에 유령이 나타난다. 유령은 자신을 토르켈이라

밝히며 지옥에서 왔다고 말한다. 토스타인은 유령에게 지옥에 관해 묻자 유령이 대답하면서 유령이 점점 가까이 다가온다. 결국 토스타인은 토르켈에게 지옥에서 희생자가 지르는 가장 큰 비명을 재현해달라고 부탁한다. 그 비명 소리를 들은 토스타인은 결국 의식을 잃고 쓰러진다. 토르켈이 쓰러진 자를 막 덮치려고 하는데, 갑자기 종소리가 울리면서 토스타인은 목숨을 구한다. 나중에 토스타인은 올라프 왕에게 자신이 밤중에 경솔하게 행동한 것을 고백한다. 그러자 올라프 왕은 왜 유령의 비명을 듣고 싶어 했는지 묻는다. 토스타인은 올라프 왕이 비명 소리를 들으면 자신을 구해줄 것이라 생각했다고 말한다. 올라프 왕도 실제로 비명 소리를 듣고 종을 울린 것이라고 이야기한다. 토스타인은 자신이 등골이 '오싹해지는shiver' 공포를 느꼈다고 말하자, 왕은 그를 토스타인 '쉬버Shiver'라고 부른다.[17]

『에위르뷔갸 사가』 제51장에서는 아이슬란드의 어느 여자 유령 이야기를 전한다. 토르군나Thorgunna는 핏물로 된 비를 맞은 뒤에 몸이 쇠약해지고 결국에는 임종의 자리에서 자신을 멀리 있는 스카라홀트에 묻어달라고 요청한다. 그녀가 죽자 굿맨 토로드는 사람들을 모아 여정을 떠난다. 여러 날을 이동한 끝에 네더네스Nether-ness라는 지역에 도착해 잠 잘 곳을 요청한다. 하지만 지주는 그들에게 먹을 것을 주지는 않는다. 토로드 일행은 하는 수 없이 굶주린 채 잠을 자려고 하는데, 부엌 쪽에서 달그락거리는 소리가 들린다. 지주의 하인들이 부엌에 가서 보자 키가 크고

벤야민 웨스트, 〈사울과 엔돌의 무당〉, 18세기 후반

벌거벗은 여인이 음식을 푸짐하게 준비하고 있다.

토로드 일행은 그녀가 죽은 토르군나라는 사실을 알아차리고, 지주도 그들에게 필요한 건 무엇이든 제공하겠노라고 말한다. 그 순간 토르군나는 뒤돌아 바깥 어두운 곳으로 사라지고는 다시는 보이지 않는다. 다만, 토로드 일행이 스카라홀트에 도착했을 때 관 속에서 그녀를 다시 볼 수 있었고, 그녀는 바라던 대로 그 땅에 묻히게 된다.

기독교가 옛 범신론적 종교를 대체하면서, 유령에 대한 일반적인 믿음은 사라지기보다 다른 형태를 취하게 되었다. 죽은 사람의 영혼에 대한 믿음은 이교도의 장례식과도 관련 있었다. (이승에 머물러 있는) 유령들의 존재는 영원히 죽지 않는 영혼들을 위한 다른 장소가 존재한다는 믿음과 정면으로 배치되었다. 『구약성경』 신명기 18장 10~11절에 모세는 "점쟁이나 길흉을 말하는 자나 요술하는 자나 무당이나 진언자나 신접자나 박수나 초혼자"를 가까이 하지 말라고 금지했다.

레위기에서도 무당(영매)을 믿지 말라고 경고한다(킹 제임스 버전에서는 "죽은 사람의 혼백을 불러내는 사람"이라고 번역되어 있다). 성경학자인 드보라 톰슨 프린스는 누가복음 24장에 기록된 예수의 부활은 그리스 로마의 유령 이야기와는 다른 측면(빈 무덤, 육신을 떠난 유령의 갑작스러운 출현, 음식을 먹을 수 있는 유령)을 보여준다고 말한다. 이는 옛 유령 이야기에 익숙한 독자들에게 예수만의 독특한 특징을 알려준다. 프린스는 "독자들이 기대하던 바를 뛰어넘는 현상을 효과적으로 보여주기 위해 그들이 문학적으로나 문화적으로 이해할 수 있는 범위 내에서 그런 효과가 작동하도록" 설정했다고 말한다.[18]

하지만 사울의 이야기에서 엔돌의 무당과 사무엘의 영혼은 초기 기독교의 유령에 대한 관점을 분명히 보여준다. 수 세기 동안 학자들은 사울 앞에 나타난 혼령의 존재에 관해 논의해왔다. 그것은 망령인가? 환각인가? 무당이 만든 환상인가? 사탄의 모습인가? 12세기 신학자 페트러스 코메스토르는 "하나님의 허락으로 사무엘의 영혼이 육신을 입고 모습을 드러낸 것이다. 그런데 또 다른 사람들은 그것이 사무엘의 육신이 부활한 것이고 사무엘의 영혼은 안식처에 머물러 있었다고 본다"라고 말했다.[19] 몇 세기 후에 이 장면을 묘사한 회화 작품들은 거의 항상 사탄을 포함시켰다.

성 아우구스티누스(기원후 354~430년)는 유령에 관한 초기 기독교의 견해를 잘 보여준다. 그는 당시 기독교도들이 유령을 만난 경험을 일축하지 않았지만, 그렇다고 죽은 자의 영혼이라고 믿지도 않았다. 대신 아우구스티누스는 유령이란 천사들이 심어 놓은 영적인 환상일 뿐이라고 말했다(또는 두렵거나 부정적인 악령과의 만남일 수도 있다).

800년이 지난 뒤, 성 토마스 아퀴나스는 1270년경에 쓴 『신학대전Summa Theologia』에서 "악령은 이교도의 미신을 믿게 하려고 죽은 사람의 영혼인 척하고 나타난다."고 주장했다.[20] 토마스는 시몬 마구스의 이야기를 인용한다. 전설적인 마법사 시몬 마구스는 사도들이 얻었던 성령의 힘을 자신도 얻기 위해 기독교로 개종했다고 전해진다. 하지만 사도들은 그를 공동체에 들어오지 못하게 막았다.

시몬을 둘러싼 여러 마법 이야기 중 하나에서는 그가 한 남자아이를 죽여서 그의 유령을 마법을 위해 '부리는 영혼'으로 삼았다고 한다. 그런데 토마스는 시몬이 실제로는 아이의 영혼을 가장한 악령의 섬김을 받았다고 주장한다.

성 아우구스티누스의 동료인 에보디우스는 유령이 꿈속에 등장해 살아있는 사람에게 메시지를 전달할 수 있다고 믿었다. 아우구스티누스에 보낸 편지에서 그는 인간의 영혼에 대해 깊이 숙고했다.

> 나는 무엇보다 영혼이 육신을 떠날 때, 무형의 실재, 즉 영혼에서 떨어지지 않는 육신이 존재하는지 궁금하네.[21]

나중에 에보디우스는 "죽은 자는 와서, 머물고, 꿈 바깥에서 보인다"라고 적었다.[22] 성 아우구스티누스의 심도 있는 주장과 그의 명성에도 불구하고 유령에 대한 믿음은 좀처럼 수그러들지 않았다.

그레고리우스 1세는(540~604년)는 그의 『대화집Dialogues』에서 유령에 관해 자주 언급했고, 마침내 기독교 유령 이야기의 모델을 창조했다. 그레고리우스의 이야기(『대화집』 제5권의 대부분을 차지한다)에서 어떤 내용은 유령에 초점을 맞추는 듯 보이지만(예컨대, 어느 거룩한 사람의 영혼이 죽어서 수도사를 방문한다는 내용), 대부분은 죽은 남자나 여자가 성인聖人의 위로를 받는다는 내용이다. 제4권 제12장에서는 늙은 주교 프로부스Probus의 이야기가 나오는데, 작은 소년 한 명만 그의 임종 자리를 지키고 있다.

> 침대 옆에 서 있던 어린 소년은 갑자기 나타난 흰 옷을 입은 사람들을 보았다. 얼굴은 그들이 입고 있던 흰 옷보다 더 밝고 아름다

왔다. 놀란 소년은 울음을 터뜨리고 그들에게 누구냐고 물었다. 그 소리에 눈을 뜬 주교는 흰 옷 입은 사람들이 누구인지 알아차리고는 그들은 자신을 찾아온 순교자 성 유베날리스와 성 엘레우테리우스이니 울지 말라며 소년을 안심시켰다. 하지만 눈앞의 낯선 환상을 알아보지 못한 소년은 있는 힘껏 도망쳐 아버지와 의사들에게 이 소식을 전했다. 아버지와 의사들은 서둘러 주교를 찾아왔지만 이미 순교자들이 그의 영혼을 데려간 뒤였다.[23]

그레고리우스의 모든 이야기가 이처럼 영광스러운 것은 아니다. 제51장에서는 "무례하고 어리석은 말버릇"으로 악명 높은 수녀 이야기를 전한다. 그녀는 죽은 뒤에 교회에 매장되는데, 다음 날 교회 관리인이 제단 위에 올라온 그녀의 시신을 발견한다. 시신은 반으로 갈라져 있고 한쪽은 불에 타 있다.

다음 날 아침 관리인은 다른 사람들에게 대리석 위에 불탄 자국을 보여준다. 사람들은 교회에 매장되는 것으로도 모든 죄가 용서되지 않는 사실을 깨닫는다.[24]

500년이 지나고 또 다른 기독교 필경사는 제단 위에 불에 탄 섬뜩한 자국을 묘사했다. 11세기 주교 메르제부르크의 디트마르는 신성 로마 제국의 전쟁사와 유령 이야기를 둘 다 열심히 기록했다. 디트마르의 『연대기』는 묘지에서 들리는 노래하는 사람들의 이야기와 죽은 사람들의 집회에 관한 무서운 이야기를 한다. 세 번째 모이는 밤에 그들은 그 지역의 사제를 잡아서 교회의 재단 위에서 산 채로 태운다. 디트마르의 조카인 브리지다는 이 특별한 이야기를 다음과 같이 마무리한다.

"낮이 살아있는 자의 것이라면 밤은 죽은 자의 것이다."[25]

디트마르에게 유령의 존재는 성경과 전혀 배치되지 않는다. 『연대기』 제1권 제11장에서 디트마르는 "예수 그리스도를 신실하게 믿는 사람에게는 훗날 죽은 자의 부활이 결코 의심스럽지 않다"라고 하면서 유령 이야기를 시작한다. 13장에서는 이렇게 말한다. "나는 가장 최근에 일어난 일을 기록했으므로 못 믿는 사람은 선지자들의 말이 사실임을 알게 될 것이다."[26]

그는 이사야 26장 19절 "주의 죽은 자들은 살아나고 그들의 시체들은 일어나리이다"와 같은 성경 구절도 인용한다. 이러한 증거들이 다가올 사건들에 대한 징조라고 보았다.

12세기 말에 영국의 역사가 뉴버그의 윌리엄은 유령 목격에 관한 기록이 너무 많다고 생각했다. 반면 고대의 기록은 상대적으로 너무 적었다. 그는 자신이 들은 이야기만 해도 너무 많아서 전부 기록할 수 없을 정도라고 말했다.[27]

유령 이야기는 수도원에서 자주 수집했는데, 수도원의 수도사들은 사후 세계의 존재와 기적의 가능성을 증명하는 데 노력했다. 주로 성인聖人이나 수도사의 영혼을 다루는 이러한 이야기들은 미사나 기도를 해달라고 돌아온 영혼, 가르침을 주는 유령, 천사들을 알려주는 초자연적인 방문자, 성모 마리아, 천국 등을 다룬다. 심지어 어느 이야기로부터 '축일'이 만들어지기도 했다.

프랑스 동부 클뤼니 수도원의 원장 오딜로는 에트나산 동굴에 있는 악령들이 클뤼니 수도사들이 단행한 참형으로 영혼을 잃어 통곡하고 있다는 이야기를 들었다. 수도원장은 이들을 위로하기 위해 (11월 1일 만성절[All Saint's Day]에 이어) 11월 2일을 만령절All Soul's Day로 제정했다.

만령절에는 신자들이 사랑하는 사람의 영혼이 연옥에서 벗어 나도록 기도했는데, 그러다 보니 만성절 전야제인 오늘날의 핼러 윈 축제 때 무서운 유령 복장을 하고 돌아다니게 되었다. 모든 종 교학자가 미사나 기도를 구하러 돌아온 영혼이 신성한 행위라고 생각한 것은 아니다. 1759년 베네딕트파 수도사인 돔 오귀스탱 칼메는 다음과 같이 주장했다.

> 그는 악하게 살고 뉘우치지도 않고 죽었음에도 불구하고, 사람들 에게 자신이 연옥에 있다고 생각하게 만들고, 구원을 받을 수 있다 는 아무 근거도 없고 심지어 위험한 희망을 갖게 하려고, 사악한 영 혼의 모습으로 돌아와 미사를 요구하는 것은 드문 일이 아니었다.[28]

인간의 몸을 사로잡는 행위는 악령이나 악마에 국한되지 않 는다. 왜냐하면 '악한 영혼'이라는 말은 악의를 가진 유령까지 포 함하는 넓은 의미를 갖기 때문이다. 요한 그마이너 목사는 『어둠 의 영혼들The Spirits of Darkness』(1889)에서 악한 영혼이 인간을 통 제하는 방식을 세 가지로 구분한다고 말한다. 첫째, '침입invasion'

은 초자연적인 힘으로 인간의 몸 전부나 일부를 일시적으로 통제하는 것이다. 둘째, '사로잡음obsession'은 혼령이 인간의 몸을 에워싸는 것이다. 셋째, '신들림possession'은 인간의 몸을 영원히 통제하고 모든 장기와 팔다리를 이용하는 것이다.[29]

16세기 유명한 사례에서는 악령과 유령을 명확히 구분하는 것이 어려웠다. 1565년 만령절에 니콜라 오브리라는 프랑스 소녀가 2년 전 세상을 떠난 할아버지의 무덤에서 기도를 하고 있었다. 그때 하얀 수의를 입은 유령이 나타나 이렇게 말했다.

"나는 너의 할아버지란다."[30]

5년 후에 다시 나타난 이 유령은 겁에 질린 십대 소녀에게 이번에는 얼굴을 보여주고 자신이 연옥에 있다고 말했다. 그러자 곧 니콜라는 신들림 현상을 보이기 시작했다. 불가능한 힘을 보이고, 먼 곳에서 일어난 일을 알고, 전혀 배우지 않은 언어로 말했다. 그녀는 결국 베엘제붑Beelzebub과 다른 29가지 종류의 악령에 들렸다.

랑 성당Laon Cathedral에서 악령 쫓기 의식이 벌어졌는데, 여기서 무려 15만 명의 사람들이 이 기간에 이상한 현상을 목격했다고 진술했다. 마침내 니콜라가 신들림 현상을 보인 지 3개월이 지나고 그녀를 통제하고 있던 영혼은 마지막으로 초인적인 힘을 분출하고는 천둥소리와 연기구름과 함께 사라졌다. 가톨릭에서 이 일을 영광스럽게 미화시키는 것에 실패했다. 당시 프랑스 구교도와 신교도 사이에 갈등이 있었고 신교도들은 이 모든 사건이 가톨릭에서 꾸며낸 거짓말이라고 믿었기 때문이다.

유럽의 '켈트 6국' 즉, 웨일스, 스코틀랜드, 브르타뉴, 아일랜드, 맨섬, 콘월에서는 초기 유령 이야기들에서 기독교적인 요소가 거의 포함되지 않았고, 대신에 일종의 유령을 통치하는 자 ghost ruler인 중요한 인물에게 초점을 맞추었다. 브르타뉴에는 12~13세기에 '망자의 등불lanternes des morts'이라 불리는 높은 원뿔 탑이 묘지에 세워졌는데, 한밤중에 배회하는 유령이 들어오지 못하게 묘지에 빛을 비출 수 있었다. 안쿠라는 지역의 여러 전설에서는 이 배회하는 유령을 죽음의 화신 또는 죽은 자들의 통치자 등으로 다양하게 묘사했다.

'헬레퀸의 사냥'은 고대 독일에서 기원했는데, '와일드 헌트Wild Hunt', '사냥꾼 허른Herne the Hunter', '가브리엘 래칫Gabriel Ratchets'이라는 형태로 영국으로 이어졌다. 기본적으로 이 사냥 전설은 말을 탄 유령들이 행렬을 이루는 장면을 고립된 장소에서 단 한 명의 여행자가 목격한다는 이야기로 구성된다.

이 행렬에는 기사들과 군인들이 포함되어 있고 일부는 살아있는 목격자가 아는 인물도 있다. 아니면 맹렬한 사냥꾼들과 사냥개들이 떼를 지어 나타나기도 한다. 1091년 어느 수도사가 이에 관한 최초의 기록을 남기는데, 그 이후로 수백 번도 더 사냥 장면이 목격된다.

셰익스피어는 『윈저의 즐거운 아낙네들The Merry Wives of Windsor』에서 '사냥꾼 허른'을 언급한다. 1874년의 어느 기록에서는 그를 다음과 같이 묘사한다.

"유령의 모습을 한 사냥꾼이 안장 없는 말을 타고 있고 주위에는 수많은 악령들과 수척한 검은 사냥개들이 둘러싸고 있다. 사슴 가죽으로 만든 옷을 입고 사슴뿔로 장식한 투구를 쓰고, 철커덕거리는 사슬을 걸치고, 사냥 나팔로 마술을 부렸다. 사냥 나팔에서는 다량의 유황 증기를 내뿜었다."[31]

허른은 원래 14세기에 살던 나무꾼이었는데, 수치스러운 일을 겪은 후 윈저 숲에서 떡갈나무에 스스로 목을 매달았다. '허른의 떡갈나무'로 알려진 이 특별한 나무는 1863년에 폭풍우로 쓰러졌지만, 허른의 유령은 그 지역에 계속 출몰했고, 특히 제2차 세계대전처럼 큰 파국을 초래하는 사건이 벌어지기 전에 목격되었다. 현지인들은 유령이 출몰하는 소리를 듣는다고 말했는데, 이는 '와일드 헌트'를 경험한 사람들의 공통적인 이야기다. 때로는 사냥개가 으르렁거리는 소리와 말이 발굽을 구르는 소리도 듣는다고 한다.

『챔버스의 백과사전Chambers's Encyclopaedia』에서는 '와일드 헌트'를 다음과 같이 설명한다.

기독교에서 옛 이교도의 신들을 격하시킨 것이다. 모든 기후와 날씨를 주관하고 폭풍우를 불러일으키는 오딘처럼, 투구와 망토를 장착하고 말을 탄 와일드 헌터는 수많은 혼령들을 거느리고 나타난다. 그중에는 술주정뱅이, 자살자, 행악자도 있고, 머리가 없거나 팔다리

가 절단된 자들도 있다.[32]

가브리엘 래칫이라는 사냥꾼은 일요일(안식일)에 사냥을 했다는 죄로 영원히 공중에서 사냥을 해야 하는 벌을 받게 되었다. 그래서 저 높은 하늘에서 그가 사냥개를 끌고 가는 소리가 들렸다고 한다. 아일랜드에서 로우 구르Lough Gur 지역의 거주민들에게 '데드 헌트Dead Hunt'로 알려진 자는 개가 발을 구르는 소리와 함께 혀를 헥헥거리는 소리를 들었다고 주장했다. 지역민들은 그 노인만이 그 소리를 들었다고 믿었다.

스코틀랜드와 아일랜드에서 요정들은 때때로 유령들과 동맹하기도 했는데, 어떤 이야기에서는 요정과 유령이 서로를 대체할 수 있는 듯 보였다.

고대 켈트족은 새로운 해를 축하하며 10월 31일에 삼하인Samhain(오늘날 핼러윈의 원형)이라는 축제를 열었다. 10월 31일은 세금을 거두고 들에서 가축을 들여오기 위해 정한 날짜지만, 그 날 밤은 이승과 저승 사이의 장막이 가장 얇아지는 때라고 믿었다. 켈트족의 이야기에는 유령이 많이 등장하진 않으나, 대신 악한 요정sidh이 많이 나오고 이들은 삼하인 전야에 나타나 인간들을 공격한다.

유령과 요정의 혼합이라는 특징은 나중에 등장하는 아일랜드 이야기들에서는 더 두드러진다. 예컨대, 레이디 와일드가 수집한 『아일랜드의 고대 전설, 마법, 미신Ancient Legends, Mystic Charms and

Superstitions of Ireland』(1887)이라는 책에 나오는 '망자의 춤'이라는 이야기가 있다(특이하게도 이 이야기는 가장 위험한 시간이 11월의 첫째 날 밤이 아니라 마지막 날 밤이라고 한다).

> 11월의 마지막 날 밤에 늦게까지 나와 있는 건 위험하다. 그날에 축제는 막을 내리기 때문이다. 마지막 날 밤에 망자들은 모두 언덕 위에서 요정들과 추던 춤을 멈추고 술과 음악이 없는 차가운 무덤 속으로 돌아가야 한다. 내년 11월이 오면 그들은 다시 무덤에서 나와 달밤에 왁자지껄 웃으며 춤을 출 수 있다.[33]

이다음으로 11월의 어느 날 밤 한 여자가 예전에 알았던 죽은 남자를 만나는 이야기가 이어진다. 남자는 여자에게 언덕 위에서 춤추는 한 무리의 망자들을 보여준다. 그러면서 요정들에게서 도망쳐 망자들과 함께 춤을 추라고 강요한다. 불행히도 그녀는 벗어나기 전에 이미 요정들에게 빙 둘러싸인다. 그녀는 잠에서 깨어났지만 며칠 후 죽고 정말로 망자들과 함께 춤을 추게 된다.

하지만 10월 31일과 관련된 유령 중 '잭-오-랜턴Jack-o'-Lantern' 보다 유명한 것은 없다. 잭의 기원은 '이그니스 파투스ignis fatuus('어지럽게 만드는 불'을 뜻하는 라틴어)'라는 전설에서 비롯된다. 습지대의 유기 물질이 자연적으로 분해되면서 만들어지는 이 불은 희미하게 푸르스름한 빛을 발한다. 또한 '윌-오-더-위스프willo'-the-wisp(일종의 도깨비불)'로도 알려진 이그니스 파투스는 유령으로 여겨지기도 했고, 어떤 사람들은 이것이 부주의한 여행자를 위험한 벼랑 끝이나 늪지대로 인도한다고 믿었다. 스칸디나비아 지역에서는 여행자가 뼈를 들고 있으면 '윌-오-더-위스프'를 잡을 수 있다고 생각했다. 다른 지역에서는 그 불빛이 혼령의 흉곽 안에 싸여 있다고 믿었다. 혼령에게 동전이나 약간의 먹을 것을 제물로 바치면 여행자가 안전하게 집으로 돌아갈 수 있도록 보호해준다고 생각했다.

이 습지대의 불빛이 사람들을 속인다면, 곧 사기꾼이라는 악명을 얻었을 것이다. 습지대를 비틀비틀 건너다가 이 불빛을 만난 사람들은 보통 여관에서 집으로 돌아가는 중이었기 때문에, 잭(또는 윌)은 술에 진탕 취한 사람의 혼령으로 알려졌고, 그의 전설은 온 유럽에 퍼졌다.

전설의 초기 버전에서는 이 사기꾼이 예수와 그의 제자들에게 방을 내주는 천성 좋은 여관 주인으로 나오는데, 그 보답으로 세 가지 소원을 성취한다. 결국 여관 주인이 죽고 나서 낙원을 향해 가는 길에 지옥의 문을 지나친다. 여기서 그는 악마와 카드 게임을 하는데, 자신의 영혼을 걸 테니 이 게임에서 이기면 다른 사람들을 석방시켜달라고 한다. 마침내 여관 주인은 게임에서 이기고 그가 해방시킨 영혼들은 천국으로 들어가게 된다.

나중에 이 이야기의 좀 더 전통적인 버전에서는 잭이 영리하지만 방탕한 대장장이로 나오고, 어느 날 악마가 나타나 그의 영

'잭-오-랜턴' 머리를 가진 유령이 그려져 있는 핼러윈 그림엽서, 1910년경

혼을 요구한다. 잭은 악마를 세 번이나 속여 자신을 데려가지 못하게 한다. 잭은 늘 회개하려고 계획하지만 그것을 완수하지는 못한다.

수명이 다해 죽은 잭은 천국에서도 지옥에서도 자신을 원하지 않는다는 사실을 알게 된다. 이때 악마는 그에게 가는 길을 비추라며 지옥의 불에서 가져온 잉걸불을 건넨다. 잭은 그 잉걸불을 속을 파낸 박 또는 순무(미국에서는 호박)에 넣는다. 그의 혼령은 등불을 들고 이승에서 영원히 떠돈다.

잭의 전설이 핼러윈과 정확히 언제부터 얽히게 되었는지 말하기는 어렵다. 예컨대, 아메리카에서는 19세기까지 '잭-오-랜턴'이 핼러윈 축제와 아무 연관이 없었다. 하지만 이 축제는 망자의 혼령과 관련이 깊다는 사실은 의문의 여지가 없다. 그리고 조상의 유령을 기리고 집으로 돌아오도록 초청하는 전 세계에서 행해지는 축제들과도 유사하다.

핼러윈은 11월 1일(이 날짜는 가톨릭교회에서 삼하인 축제를 끌어들이기 위해 선택한 것으로 추정된다)에 행해지는 만성절 축제에서 유래했다. 그런데 11세기 가톨릭교도들은 자신의 죽은 가족을 기리기 위해 만성절 축제를 11월 2일에 열기 시작했다.

유럽의 여러 지역에서는 혼령들이 (이날 밤에만 연옥에서 풀려날 수 있어서) 집으로 돌아온다고 생각해 이 시기에 먹을 것과 마실 것을 준비하는 것이 하나의 관습이 되었다. 이런 점에서 이 축제는 중국의 걸신 축제나 멕시코의 '죽은 자의 날'과 같은 조상의 유령을 기리고 위로하는 다른 축제들과 매우 흡사하다. 물론 지금은 유럽에서 음식을 준비하는 풍습은 거의 사라졌지만, 여전히 11월 1일에 조상의 묘를 찾아가 깨끗하게 관리하고 치장하는 지역들이 많다. 그리고 핼러윈은 지금도 유령과 깊은 관련이

핼러윈 장난꾸러기들이 진짜 유령을 만나는 모습을 그린 그림엽서, 1915년경

있다. 흰 옷을 입은 유령과 '잭-오-랜턴'은 축제의 상징적인 이미지로 여겨지고 있다.

역사적으로 괴담은 비극적인 실제 사건에서 시작되기도 한다. 예를 들면, 요크의 클리포드 타워에서 150명의 유대인이 죽은

2 죽음의 땅: 초기의 목격자들   65

요크에 있는 클리포드 타워의 내부

비극적인 사건이 있었다. 1190년 3월 반유대주의가 영국 전역을 휩쓸고 지나가자 요크에 살던 유대인들은 클리포드 타워로 피신했다. 한때 요크 성의 아성牙城이었고 여전히 인상적인 건축물인 클리포드 타워는 도시가 한눈에 내려다보이는 작은 언덕 위에 지어졌다.

3월 16일 결국 이곳에 포위된 유대인들은 더 이상 빠져나갈 구멍이 없다는 걸 깨닫고 여기서 스스로 목숨을 끊기로 결심했다. 그 후 얼마 지나지 않아, 매년 3월 16일이 돌아오면 탑의 돌들이 피를 흘렸다는 소문이 번지기 시작했다. 이제는 그 탑에서 피 흘리는 모습을 목격한 사람은 없지만, 지금도 유령 관광(유령이 나왔다는 명소를 돌아보는 관광)의 성지로 손꼽히고 있다.

지구 반대편 아메리카에서도 토착 원주민들이 다양한 유령의 존재를 믿고 있었다. 대부분의 원주민 부족은 애니미즘을 믿고 있어서 영혼이라는 존재가 인간뿐 아니라 다른 동물들에게도 깃들어 있다고 생각했다. 자신들이 죽이고 가죽을 벗기고 잡아먹은 곰과 같은 큰 먹잇감의 영혼을 기리는 의식을 치렀다. 이런 동물들에게 '조부祖父'라는 타이틀이 붙기도 했다.

미국 남서부에 사는 나바호족에게 유령은 '친디chindi'라 불리는 두려운 존재였다. 친디에게는 망자의 선한 점은 사라지고 악한 점만 남아 있다. 불행히도 이 존재를 만나는 사람은 병에 걸리거나 죽을 수 있다.

친디는 자신이 죽은 장소에 오래 머물러 있기 때문에, 나바호족 사람들은 죽은 사람의 집(호건)을 버리고 떠났고, 죽은 사람의 이름을 말하지도 않았다. '에너미 웨이Enemy Way'라는 의식으로 친디를 물리칠 수도 있었지만, 이 악한 혼령들은 능숙한 치료 주술사가 불러내거나 통제할 수도 있었다. '롱 솔트Long Salts'라는 가문에서 한 친디의 이야기가 전해졌는데, 예전에 이 가문은 살아생전에 치료 주술사의 치료를 받았던 적이 있었다. 그 대가로 주술사는 도살한 양 다섯 마리를 요구했다. 그런데 그 가문의 한 사람이 앞을 못 보는 주술사를 속여 양 대신에 영양을 바치려고 했다.

주술사는 친디를 불러냈고 롱 솔트 가문의 한 사람이 이유 모를 병에 걸려 죽고 말았다. 롱 솔트 가문은 주술사에게 악한 혼령을 다시 돌려보내달라고 요청하려 했지만, 그 전에 이미 세상을 떠나버렸다. 불과 몇 년도 안 되어 친디는 롱 솔트 가문의 모든 사람을 찾아가 죽였다. 단, 열여섯 살 소녀만 아직 죽이지 못했다. 소녀는 어느 상인을 따라가면 친디로부터 벗어날 수 있을 것이라 생각했다. 얼마간 친디로부터 피할 수 있었지만 곧 겨울눈이 내리면서 도망치는 속도도 더뎌졌다. 결국 친디는 소녀를 사로잡았고 그 소녀는 어느 날 밤 죽음을 맞이했다.[34]

그런데 모든 아메리카 원주민의 유령이 앙심을 품고 있던 것은 아니다. 오대호 연안의 포타와토미 부족에서 고아 출신의 가난한 사냥꾼 이야기가 전해진다. 어느 날 이 사냥꾼은 사람들에게 잊힌 오래된 묘지 근처에서 야영을 하다가 두 명의 유령을 만났다.

사냥꾼은 두 유령을 영접하며 기도와 음식을 올렸다. 다음 날 그는 이에 대한 보답으로 사냥에 성공할 수 있었다(수사슴 네 마리를 잡았다). 집으로 돌아온 사냥꾼은 마을 어느 노인에게 지금까지 있었던 일을 이야기하자, 노인은 이것은 좋은 징조이니 두 유령을 위해 잔치를 베풀 것을 권했다. 이 가난한 사람은 결국 위대한 사냥꾼이 되었고, 두 유령에게 신성한 담배를 제물로 바치는 일을 죽을 때까지 잊지 않았다.[35]

아라비아의 고전 문학에서는 유령 이야기를 좀처럼 보기 힘들다. 『아라비안나이트』에 담긴 '카이로 시민 알리와 바그다드의 유령의 집'이라는 이야기에서는 어떤 집이 나온다. 이 집은 '연기 없는 불'에서 태어난 진jinn이라는 정령이 점령하고 있었다. 결국 정령은 (카이로에서 막 도착한) 어린 알리를 놀래주기보다는 오히려 금을 바친다. (진은 앞서 그 집에 살던 사람들은 모두 죽이는데, 금은 오로지 알리에게 주기 위한 것이었기 때문이다.) 『아라비안나이트』 번역본에서 러처드 버튼은 다음과 같은 주석을 달았다.

"중동에서는 유령의 집에 참된 의미의 유령이 아닌, 굴Ghuls, 진과 같은 초자연적인 존재들이 들어와 살고 있다."[36]

1284년에 나온 주목할 만한 규정을 보면, 당시에 유령뿐만 아니라 유령을 불러오는 인간의 능력에 대한 강한 믿음이 엿보인다. 영국의 길드들은 본래 조합원들을 지원하는 일종의 공제회控除會였고, 각 길드는 저마다의 규정을 발표했다. 러들로의 순례자 길드에서는 다음과 같이 규정했다.

유령을 불러오는 마법사, 『레드 드래곤』에 실린 16세기 삽화

"어떤 사람이 죽은 자와 함께 밤을 지새우기 원한다면, 이는 그 사람이 유령을 부르지 않거나, 죽은 자의 시신이나 그의 이름을 조롱하지 않고, 다른 어떤 추문도 일으키지 않는다는 조건하에 허락될 것이다."[37]

1521년에 나온 마법 주문 책인 『레드 드래곤Red Dragon』[38](『그랜드 그리모어』로도 알려짐)은 실제로 유령을 불러오는 방법을 적어놓았다. 그것은 이렇게 시작한다.

"성탄절 미사에서, 정확히 한밤중에 다른 세계에 사는 존재들과 친밀히 소통하기 위해서는 지원이 절대적으로 필요하다."

미사 때 마법사는 "망자여, 일어나라, 그리고 내게 다가오라"라고 말하고는 묘지로 가서 기도를 올리고 의식을 거행한다. 이 복잡한 절차 중에는 두 개의 뼈를 사원에 던지고, 마법사는 동쪽으로 4마일 1,900걸음을 걸어야 하고, 유령이 나타났을 때 주술사는 "내가 너를 볼 수 있도록 요청한다"라고 말해야 한다.

3

철커덕거리는 사슬과 흰옷

: 서양의 유령

유럽은 중세(봉건제, 전염병, 미신이 만연했던 시대다. 특히 미신 때문에 수만 명이 마법을 부렸다는 혐의로 고소당해 목숨을 잃었다)에서 벗어나면서 새로운 시대의 철학자들과 과학자들은 세상의 모든 것을 재검토하기 시작했다. 물론 거기에는 유령도 포함된다. 수 세기 동안 종교나 마법과 관련 있던 유령들은 이제 세속의 영역에 포함되었다.

근대 초기의 희곡이자 복수극인 토머스 키드의 『스페인의 비극The Spanish Tragedy』(1582년과 1592년 사이에 집필됨)은 확실히 고전 신화에 뿌리를 두고 있고 세네카의 비극을 전형으로 삼는다. 장례식을 제대로 치르기 전까지 하데스의 뱃사공 카론에 의해 저승을 통과하지 못하는 돈 아드레아의 유령 이야기로 시작된다. 그로부터 몇 년이 지나 1603년에 출간된 셰익스피어의 『햄릿Hamlet』과 비교해보라.

후자는 햄릿의 아버지 유령을 복수의 견인차로 이용하면서 유령 방정식에서 신화적 요소와 종교적 요소를 상당히 제거한다. 처음으로 유령은 호라티오에 의해 '상상의 산물'로 일축된다. 그러면서 이 유령은 햄릿에게 나타나 다음과 같이 말한다.

> 나는 너의 아버지 유령이다.
> 나는 밤에 걸어 다닐 운명이며
> 낮에는 불속에만 갇혀 있어야 한다.
> 살아있을 때 내가 저지른 더러운 범죄가
> 모두 불타 없어질 때까지 말이다.

유령의 말은 자신이 연옥에 머물러 있으며, 그의 영혼이 구원받을지로 모른다는 사실을 암시하지만, 이를 명백하게 언급하고 있지는 않다.

계몽주의 시대의 사상가들은 훨씬 더 유령을 무시한다. 1674년 위대한 네덜란드의 철학자 스피노자는 자신에게 유령에 관한 견해를 묻는 편지에 다음과 같이 답장을 보냈다.

> 진실을 고백하자면, 나는 그러한 것들이 있다고 분명히 밝히는 신뢰할 만한 작가의 글을 읽어본 적이 한 번도 없습니다. (…) 유령이 무엇입니까? 어린아이입니까, 아니면 멍청이나 미치광이입니까? 내가 그것들에 관해 들은 것은 모두 현명한 자보다는 어리석은 자에게나 어울릴 법합니다. 아니면, 최대한 좋게 봐줘도 어린아이의 장난 정도로밖에 보이지 않습니다.[1]

평등의 개념과 개인의 인권을 최초로 강조한 영국의 철학자 토머스 홉스는 유령의 존재를 그가 알고 있던 가톨릭의 고루한 개념과 동일시했다.

꿈과 환상을 현실과 구분하는 법을 무시한 결과, 사티로스, 파우누스, 님프 같은 것들을 믿는 과거 이방인의 종교가 생겨났다. 오늘날 원시적인 사람들이 믿는 정령, 유령, 고블린을 지금도 가르치는 이유는 퇴마, 십자가, 성수聖水 같은 발명품을 사용하는 데 믿음을 주기 위해서다.[2]

정령과 같은 존재들에 대한 믿음이 변하면서(지금은 문자 그대로 동화를 뜻하는 'fairy tales'로 의미가 축소됨) 앞서 마녀 박해가 서서히 사그라들기 시작했던 것처럼, 유령 목격의 성격도 바뀌었지만 기록상 횟수는 줄어들지 않았다. 오히려 혼령이나 유령을 만난 이야기가 더 많아진 것 같다. 셰익스피어의 유령을 비롯해 실제 유령 목격의 기록을 보면 멀쩡한 수도원이나 신전보다는 폐허가 된 건물이 주된 배경이 되었다. 계몽주의 시대에 새로 등장한 유령은 아마도 그 전 시대인 중세 암흑시대에 대한 두려움을 반영하고 있었다.

1600년부터 1847년까지 유럽과 아메리카에 강신술이 유행하기 전 시대에, 유령 이야기가 전 유럽에서, 특히 영국에서 급증했다. 어떤 이야기들은 유명해져서 책으로도 발간되었고, 오늘날 초자연적인 현상 전문가들에 의해 연구가 이루어지기도 한다. 대표적으로 '그랜빌 이야기Granvill Narrative'가 있는데, '테드워스의 북재비Drummer of Tedworth'로 더 잘 알려진 이야기가 있다. 이 사건은 약 20년 동안 영국의 언론을 점령했는데, 아마도 작가가 종교적이고 학식 있고 왕실과도 어느 정도 관계가 있었기 때문일 것이다.

조셉 그랜빌 목사는 영국 왕 찰스 2세의 직속 목사였고, 왕립학회의 회원이기도 했다. 그런데 그는 주술에 관심이 많았다. 그는 『사두키스무스 트리움파투스Saducismus Triumphatus』라는 책을 저술했는데, 1666년에는 다른 제목으로 출간되었고, 1681년에 유작으로 다시 출간되었다. 이 책은 그랜빌 목사가 여기저기서 전해 들은 마녀와 유령 이야기의 모음집이었다. 그런데 책의 첫 번째 이야기인 '테드워스의 다이몬The Daemon of Tedworth'은 그랜빌이 직접 목격한 이야기라고 주장했다.

이 이야기는 1661년에 시작되었다. 이해에 치안판사인 존 몸페슨는 그 지역 경찰에게 윌리엄 드루리라는 북재비를 위조지폐로 사용하려 했다는 혐의로 체포하라고 명령했다. 경찰은 북재비에게서 북을 빼앗아 치안판사의 집으로 보냈다. 그러자 집 안 문과 벽, 지붕 등 곳곳에서 쿵쾅쿵쾅 시끄러운 소리가 들렸다. 소음은 몇 달 동안 이어졌고 급기야 그 집의 아이들에게 집중적으로 이상한 일이 벌어졌다. 소음이 들리는 건 물론이고 보이지 않는 손이 아이들을 툭툭 치고 심지어 들어올리기까지 했다. 집 안의

테드워스의 북재비, 『사두키스무스 트리움파투스』 제3판 권두 삽화(1700)

물건이 움직이는 일은 이제 다반사가 되었다. "의지가 혼자서 방 안을 돌아다녔다." 때로는 두드리는 소리가 다른 소리를 일으키거나 다른 소리에 응답하는 듯이 들리기도 했다.

그랜빌은 1662년 1월에 처음으로 몸페슨의 집에 방문했다. 그는 이 집에 있는 동안 아이들의 침실에서 말로 설명할 수 없는 긁는 소리와 짐승이 헐떡거리는 소리를 들었다. 이런 소동은 2년

윌리엄 호가스, 〈맹신, 미신, 광신〉, 1762

동안 계속되었고 수많은 손님이 목격했다. 심지어 몸페슨은 마술을 부렸다며 그 북재비를 체포하려 했지만, 어떤 혐의도 찾지 못했고 그 알 수 없는 소음도 막지 못했다. 한 번은 몸페슨이 마술을 목격했다고 말했지만, 나중에 그것은 거짓말로 밝혀졌다.

테드워스의 북재비는 수십 년 동안 논란을 일으켰다. 유령을 다룬 수많은 역사서와 논문에서는 이 사건은 거짓으로 일축했다. 또한 이야기시詩인 에이브러햄 마일스의 「경이로운 기적A Wonder of Wonders」(1663), 희극喜劇인 조셉의 『애디슨의 북재비, 또는 유령의 집The Drummer, or the Haunted-house』(1716)에 영감을 주었다. 윌리엄 호가스의 유명한 풍자화 〈맹신, 미신, 광신Credulity, Superstition, and Fanaticism: A Medley〉(1762)에도 영감을 주었는데, 마녀와 악마의 인형을 흔들면서 목사가 설교하는 동안 예배당 중앙에 북재비와 다른 유명한 혼령들을 배치해 어리석은 종교적 열정을 풍자하고 있다.

역사가인 마이클 헌터는 몸페슨과 그랜빌의 편지를 포함해 북재비의 이야기를 연구하면서 이 사건의 배경을 비롯해 몸페슨의 불안과 그랜빌의 문학적 윤색 등을 추가적으로 발견했다. 헌터는 이 폴터가이스트poltergeist(알 수 없는 소리가 들리거나 물체가 스스로 움직이는 현상-역자 주) 이야기가 초기 사상에서 왕정복고 사상으로 이행하는 과정을 보여준다고 말했다.

초기 왕정복고의 불안하고 혼란스러운 세계 즉, 미라볼리스 아누스Mirabilis Annus(경이적인 해라는 뜻으로 영국사에서 1666년을 가리킨다-역자 주), 세계의 증상으로 시작해, 그것은 악마학과 요정 신앙을 추가함으로써 새로운 관점을 획득했다.[3]

북재비 사건 이후 50년이 지나고 또 다른 폴터가이스트 사건이 유명해졌는데, 두 가지 이유가 있었다. 하나는 수많은 목격자가 동시에 같은 현상을 기록해 꽤 신뢰할 만했다는 것이다. 또 하나는 관련된 주요 인물이 감리교의 창시자 존 웨슬리였다는 점이다.

웨슬리의 아버지인 새뮤얼 웨슬리는 링컨셔 엡워스 지역의 교구 목사였다. 1716년 12월 2일 저녁에 그 집 두 하인이 이상한 노크 소리를 듣고 날아다니는 물체를 보고 침대 근처에서 칠면조가 꽥꽥거리는 소리에 괴로워했다. 이후로 두 달 동안, 웨슬리의 가족들은 두드리는 소리, 발소리, 비단 스치는 소리, 유리병 깨지는 소리, 동전 쨍그랑거리는 소리에 시달렸다.

아이들은 어느새 이 초자연적인 손님에게 익숙해져서 '올드 제프리'라는 이름을 붙여주었다. 하지만 미지의 존재가 계속해서 웨슬리의 가족들과 반려견까지 놀라게 하자, 새뮤얼은 마침내 그 존재를 연구하고자 했지만 그와 소통하는 일은 실패했다. 1717년 1월 말에 더 이상 이상한 일은 벌어지지 않았으나, 존 웨슬리의 누이인 에밀리는 35년 후 존 웨슬리에게 보낸 편지에서 '올드 제프리'의 존재를 언급했다.

엡워스 이야기는 흔히 알려진 바대로 흥미로운 정치적 측면이 포함되어 있다. 윌리엄 왕을 위한 기도 끝에 웨슬리 부인이 "아멘"이라고 말하기를 거부한 결과 유령이 나타났다는 추측이 나돌았다. 그녀는 왕을 지지하지 않았다. 하지만 새뮤얼 테일러

콜리지는 로버트 사우디의 『웨슬리의 생애Life of Wesley』에 주석을 달면서, 웨슬리 가족이 전염성 있는 신경 질환으로 고통을 당하고 있었던 것 같다고 말했다.[4]

『로빈슨 크루소Robinson Crusoe』의 작가 대니얼 디포는 1706년 어느 종교 서적의 4판 서문 집필을 요청받았을 때, 근대 최초로 유령에 관한 농담을 만들어냈고, 동시에 유령 이야기가 가진 상업적 잠재력을 보여주었다. 샤를 드렐랑쿠르Charles Drelincourt는 존경받는 개신교 신학자였다. 그의 저서 『죽음의 공포에 대한 기독교인의 대응Christians Defence Against the Fear of Death』(1651)은 출간된 지 수십 년 후 영어로 번역되었지만 눈에 띄게 판매량이 높지는 않았다. 미드윈터는 디포에게 이 책의 새로운 서문을 요청하자 디포는 「1705년 9월 8일 캔터베리에서 죽은 빌 여사의 유령과, 바그레이브 부인의 진짜 관계: 유령이 죽음의 공포에 맞서는 방법을 다룬 드렐랑쿠르의 책을 정독할 것을 권하다」라는 긴 제목의 서문을 썼다.

이 에세이는 바그레이브 부인의 이야기와 관련 있다. 어느 날 정오 무렵 친구 빌 부인이 그녀를 방문했다. 빌 부인은 마치 여행을 떠날 것처럼 승마복을 입고 있었고, 늘 하던 식의 입맞춤은 거부했다. 빌 부인은 90분 넘게 함께 있다가 그곳을 떠났는데, 나중에 바그레이브 여사는 실제로 그녀의 친구가 같은 날 정오에 20마일이나 떨어져 있는 도버에서 출발했다는 사실을 알게 되

지하 저장고의 혼령을 발견하는 모습, 조지 크루섕크의 판화, 1864

었다.

 이 서문이 추가된 이후로, 드렐랑쿠르의 책은 날개 돋친 듯 팔렸다. 하지만 유명한 삽화가인 조지 크루섕크는 자신의 유머 책인 『유령의 발견A Discovery Concerning Ghosts』에서 "이것이 '진짜 관계'가 아니라 '거짓말'이라는 사실을 문학계에서는 모두 알고 있다"라고 말했다.⁵ 같은 책에서 크루섕크는 유령이 출몰하는 지하 저장고의 유령 이야기를 들려준다.

블랙히스 근처 한 부유한 신사의 저택 와인 지하 저장고에서 한밤중에 신음 소리, 노크 소리, 발자국 소리 등 온갖 소음이 들려왔다. 결국 신사는 이 해괴한 소리의 정체를 밝혀내겠다고 마음먹었다. 어느 날 밤 또 소리가 들려오자 이번에는 재빨리 몽둥이를 들고 지하 저장고로 내려갔다.

저장고에는 아무것도 보이지 않았고, 쥐 죽은 듯 조용한 가운데 짐승의 거친 숨소리, 코고는 소리 같은 소음이 들렸다. 헉! 소리는 지하 묘지의 어두컴컴한 구석에서 들려오는 것 같았다. 소리가 들려오는 곳에 빛을 비추며 천천히 다가가자 드디어 그 존재의 정체가 밝혀졌다. 과연 뭐였을까? 놀라지 마시라. 웬 유령이 땅바닥에 드러누워 있었다. 와인의 신, 맥주의 신, 브랜디의 신 등 온갖 '알코올의 신'이 들려 거나하게 취해 있었던 것이다.[6]

유령을 사칭한 이야기 중 가장 유명한 것은 바로 '코크 레인 유령' 사건이다. 이 이야기는 '테드워스의 북재비'와 어깨를 나란히 할 만큼 인기가 높았다. 결말에서 신비로움이 사라지는 데도 그렇다. 호레이스 월폴(그의 소설 『오트란토의 성』에서 '고딕 문학'이라는 용어가 시작되었다)이 1762년에 작성한 편지에서 "런던 전체 도시가 이것 외에는 아무것도 생각하지 않는다"라는 말처럼, 이 런던의 유령 이야기는 너무나 유명해 찰스 디킨스도 『두 도시 이야기』를 비롯한 자신의 소설 작품들에서도 여러 번 언급했다.[7]

1759년 홀아비이자 대금업자인 윌리엄 켄트는 죽은 아내의 여동생 패니와 런던으로 거처를 옮겼다. 패니와 윌리엄은 연애를 시작했지만, 교회법에 의해 결혼을 할 수 없었다. 두 사람은 코크 레인에 있는 리처드 파슨스 소유의 집에 머물렀다.

이 집에서 패니는 파슨스의 11살 먹은 딸 엘리자베스와 한 방에서 잤다. 하지만 이 집에 들어온 지 얼마 되지 않아 갑자기 패니가 천연두에 걸려 죽었다. 곧 이 집에 유령이 출몰하면서 그녀와 같은 방에서 잤던 엘리자베스와 다른 아이들은 침대 밑에서 똑똑 두드리는 소리와 긁는 소리를 들었다고 말했다. 곧 유령이 목격되었다는 사실이 알려졌다. 패니를 닮은 유령이 강렬한 빛을 발했으며 근처 술집에 있는 한 남자에게 손짓했다고 했다. 이제 살인에 대한 루머도 수면으로 올라오기 시작했다.

켄트는 순진한 패니를 유혹한 다음 돈을 빼앗기 위해 그녀를 죽였던 것일까? 파슨스는 켄트로부터 돈을 빌렸었는데, 법적 조치를 취할 때만 돈을 갚았다. 한편, 패니의 친척 중에는 그녀를 의심하는 사람도 있었다. 도대체 왜 이 부부는 아무것도 상속하지 않았을까?

파슨스의 딸 엘리자베스가 발작을 일으키기 시작하자 패니의 유령이 들린 것 아니냐고 의심하는 사람도 있었다. 한 성직자가 불려와 그녀의 정체를 조사했다. 결국 그녀는 자신이 실제로 패니이고, 켄트가 자신을 독살했고, 그녀는 켄트가 교수형에 처하는 걸 보고 싶다고 했다. 이 혼령은 두드리거나(한 번 두드리면 '그렇다', 두 번 두드리면 '아니다') 긁는(불쾌감 표시) 방식으로 소통했고,

그 방에 나타나거나 사라질 때는 펄럭이는 소리를 냈다.

'긁는 소리를 내는 패니'는 런던에서 대단한 인기를 얻었다. 코크 레인에는 사람들이 발 디딜 틈도 없이 몰려들었다. 새뮤얼 존슨 같은 사람들이 조롱하고, 가짜 연극 광고 전단으로 패러디하고, 수많은 회의론자들의 질타를 받았지만, 패니는 계속해서 대중의 상상력을 지배했다. 좀 더 심도 있는 조사를 위해 아이는 지역 교구 목사의 집으로 자리를 옮겼다. 켄트는 직접 엘리자베스를 찾아갔는데, 그때 혼령은 아무런 응답도 하지 않았다.

켄트는 혼령의 존재를 믿지 않는 사람들 사이에 있을 때는 그것이 나타나지 않는다는 이야기를 들었다. 그런데 잠시 방에서 나가 있다가 다시 들어오자 노크 소리가 나기 시작했다. 혼령이 관 속에서 노크 소리를 내겠다고 약속해 마침내 패니의 관까지 찾아갔다. 하지만 거기서는 아무런 증거도 얻지 못했다. 관은 침묵을 지켰다.

마지막 조사 기간에 노크 소리와 긁는 소리가 또다시 들렸는데, 이때 하녀 한 명이 부엌에서 쓰던 작은 판자가 사라졌다고 진술했다. 그런데 나중에 아이의 침대 밑에서 그 판자가 발견되었다. 1762년 7월 이 문제는 법정으로 갔고, 거기서 다섯 명이 음모를 꾸민 혐의로 유죄 판결을 받았다. 하녀, 교구 목사, 이웃은 감옥으로 갔고, 다른 두 명은 켄트에게 막대한 배상금을 지불했다.

> **MISS FANNY'S THEATER,**
> **IN COCK-LANE.**
>
> BY PARTICULAR DESIRE OF SEVERAL PERSONS OF QUALITY,
> To-Morrow Evening, being the 16th inst.,
> WILL BE PERFORMED AN ENTERTAINMENT OF
> **SCRATCHING AND KNOCKING,**
> OF THREE ACTS,
> EACH TO CONCLUDE WITH A FLUTTER.
> To begin precisely at 12 o'clock.
> Beds, 10s. 6d.; Chairs, 5s.; Standing, 2s. 6d.
> ☞ No money to be returned after the first scratch, and nothing under the full price will be taken.

코크레인 유령을 알리는 풍자적인 광고 전단

'코크 레인 유령' 사건은 부분적으로는 음주 문제가 있는 가난한 교구 목사와 관련이 있었지만, 그럼에도 유령 이야기에 대한 사람들의 믿음이나 관심은 전혀 줄어들지 않았다. 오히려 합리적이거나 정직할 것으로 보이는 전문직 종사자들, 가령 목사, 판사, 의사, 군인 등이 증인으로 등장했다. 유령 이야기는 이전보다 더 인기가 높아졌다. 예를 들어, 상부 실레지아Upper Silesia의 슬라벤직Slawensik 성 유령 사건을 살펴보자.

1806년 11월에 한Hahn이라는 궁정 소속 의원과 케른이라는 프로이센 군인이 그 성에 도착했다. 여기서 한은 그 성의 군주가

내리는 명령을 기다리라는 말을 들었다. 두 사람이 성에 머문 지 사흘째 되던 밤에 큰 석회 조각들이 주변에 떨어지기 시작했다. 며칠 내내 그들은 쿵쿵 두드리는 소리 때문에 도저히 잠을 잘 수가 없었다. 그들은 사람을 보내 성 내부의 모든 방을 살펴보라고 했지만 아무것도 발견하지 못했다. 머지않아 그들 주위로 물건들이 날아다녔고, 한의 수행원들과 다른 방문들이 이를 목격했다.

어느 날 밤 케른이 거울을 힐끗 봤는데 그 안에 웬 반투명한 여자의 형상이 보였다. 그는 그 형상이 진짜인지 허상인지 확인하려고 10분 동안이나 뚫어지게 지켜보았다. 또 다른 방문자인 바이에른 관리 마게를Magerle도 방에 혼자 있었는데 마찬가지로 이상한 일을 겪었다. 물건들이 날아다니자 격분한 그는 검을 꺼내 허공을 마구 찔러댔다. 케른과 한은 두 달 동안 이 현상을 참고 지켜봤는데, 케른이 좋아하는 도제 파이프가 깨졌고 이상한 현상도 멈췄다. 두 사람은 성을 떠났다.

이 사건이 벌어진 뒤로 약 25년이 지나고 나서 한 신사가 한의 이야기를 듣고 조사할 목적으로 슬라벤직 성에 방문했다. 그런데 성은 이미 무너졌고 폐허가 된 곳에서 한 남자의 뼈대가 발견되었다. 두개골을 터져 있고 몸 옆에는 검이 놓여 있었다.

『유령, 꿈, 징조의 오류Fallacy of Ghosts, Dreams, and Omens』(1848)라는 책에서 찰스 올리어는 어느 유령 이야기를 전하는데, 여기서 왜 유령은 오래되고 다 허물어져가는 건물에서 그토록 자주 출몰하는지 그 이유를 설명한다. 그는 이상하고 기괴한 소리가 들리는 유령의 성을 점령한 어느 군인의 이야기를 들려준다. 한밤중에 통곡 소리가 들리기 시작했을 때 그는 그 소리를 따라 커다란 홀로 내려갔다. 거기에는 100년 전쯤 수리해놓은 오래된 교회 오르간이 있었다.

성 안 곳곳으로 불어든 바람은 오르간 파이프로 통과하며 묘한 소리를 내기도 했다.[8] 분명히 다른 많은 유령 출몰지에도 이와 비슷하게 기괴한 옛날 물건들이 놓여 있다. 이 물건들에서는 저세상에 속해 있는 것과 같은 소리나 현상이 나타난다.

신대륙에서 전해지는 놀라운 이야기도 어떻게 폴터가이스트가 살아있는 사람들과 함께 유럽에서 대서양으로 건너왔는지 잘 보여준다. 1797년 여름에 가톨릭 사제인 갈리친Gallitzin은 버지니아 지방에서 벌어진 유령 출몰 사건을 조사하러 파견 나왔다. 루터교도인 농부 애덤 리빙스턴은 어느 아일랜드 가톨릭교도 여행객을 돌봐주었는데, 갑자기 그 여행객이 죽고 말았다.

루터교도 농부 가족들은 아일랜드인에게 모든 일에 친절을 베풀었지만 단 한 가지만 예외였다. 그들은 가톨릭 사제에 대한 알 수 없는 두려움을 가지고 있었기 때문에 죽어가는 사람이 사제를 만나고 싶다는 요청을 계속 들어주지 않았다. 머지않아 리빙스턴의 농장은 유령이 출몰하는 지역이 되고 말았다. 수많은 사람이 유령을 목격했다.

그의 헛간은 불에 모두 타버렸다. 아무도 왜 이런 일이 벌어졌는지 알지 못했다. 말과 소도 모두 죽었다. 농부 가족의 옷과 침대도 모두 불타거나 작게 잘라져 다시 꿰맬 수 없을 지경이었다.[9]

이 이야기에 매우 흥미를 느낀 어느 노부인은 농부의 집을 찾아갔다. 노부인의 주머니에는 세심하게 포장된 새 검은 실크 모자가 있었다. 그녀가 그 집을 떠난 뒤에 포장을 열어서 보니 모자는 갈가리 찢겨 있었다. 유령 출몰 소식은 다른 지역으로 널리 퍼졌고 심지어 그 동네는 클립타운Cliptown(clip은 '자르다'라는 뜻)이라는 새로운 이름을 얻게 되었다. 가톨릭 사제가 나오는 꿈을 꾸고 나서 리빙스턴은 갈리친 신부에게 사람을 보냈다. 이 신부는 다른 사제와 함께 이 집을 침입하는 유령을 쫓아낼 수 있었다. 이 이야기에는 한 번 더 유령이 나타난다. 가톨릭으로 개종한 리빙스턴은 환영에게 새로운 신앙의 신비를 인도받는 경험을 했다. 많은 사람이 이 환영이 연옥에서 농부에게 찾아온 온 영혼이라고 믿었다.

위스콘신에 있는 저먼타운Germantown에서 1850년경에 교활한 유령이 출몰했다. 프란시스 사비에르 폴허버라는 신부가 유령이 나온다는 그 집에 방문했다. 호기심 많은 이 신부는 힘세고 용감한 장정들을 여럿 데려왔다. 곧 신부 일행은 기이한 일을 목격하고는 마녀들의 소행이 아닐까 의심하기 시작했다.

혼령은 탁자 위에 메시지를 남겼는데, 이 착한 신부가 유령을 쫓아내 돈을 벌기 위해 유령을 불러들이고 있다는 내용이었다. 그 후로 폴허버 신부는 엄청난 박해를 당해야만 했다.[10]

19세기 미국의 유령 중에는 '벨 위치Bell Which'만큼 유명한 것도 없다. 1817년 어느 날 테네시주의 농부이자 침례교도 장로인 존 벨이라는 사람이 자기 밭에서 이상하게 생긴 동물을 발견했다.

농부의 묘사에 따르면 그 동물의 몸은 개이고 머리는 토끼였다. 그 동물은 자취를 감췄지만 또 다른 기괴한 현상이 벌어지기 시작했다. 벨의 자녀들 침대 기둥에서 톡톡 두드리거나 긁는 소리가 들렸고, 누군가 침대 커버를 아래에서 끌어내렸다. 십대인 베스티는 보이지 않는 유령에게 뺨을 맞거나 꼬집히는 등 별의 별 일을 다 겪었다. 혼령의 소리는 점점 커졌고 찬송가를 부르거나 설교를 반복했다. 벨의 농장에서 초자연적인 현상이 일어난다는 소식이 내슈빌까지 퍼졌고, 그곳에 있던 앤드루 잭슨 소장少將은 이 사건에 흥미를 느끼고 농장에 방문하기로 했다.

앤드루 잭슨의 마차가 벨의 농장 근처에서 갑자기 움직이지 않았다. 잭슨이 부하들에게 이것은 틀림없이 '벨 위치'가 한 일이라고 말하자, 갑자기 마차가 다시 움직였다.

잭슨 일행에 있던 일명 '마녀 조련사'가 은색 총으로 유령을 위협하자, 그는 벨의 집에서 뺨을 맞고 쫓겨났다. 잭슨은 자신이 사기라고 믿었던 것을 폭로하기 위해 그곳에 머물고 싶었지만, 결국 겁에 질린 부하들과 떠나고 말았다. 그 후 3년 동안 유령의 출몰은 더 심해져 베스티는 그 지역 청년인 조슈아 가드너와의 약혼도 파기했고, 존 벨의 건강도 점점 쇠약해졌다. 유령의 날카로운 비명을 들은 수많은 목격자가 나타났다. 결국 존 벨은 1820년 사망했는데, 유령은 자신이 독살에 성공한 것이라고 주장했다.

1821년 유령은 벨의 미망인에게 나타나 7년 뒤에 다시 방문하겠다고 약속했다. 정말로 7년 뒤인 1828년에 유령이 다시 나타났다. 이번에는 존 벨 주니어에게 관심을 보이는 듯했다. 유령은 107년 뒤에 벨의 가장 가까운 후손에게 돌아올 것이라고 맹세했다. 이 유령의 미스터리는 결코 풀리지 않았다. 그 유령은 존 벨과 돈 문제로 분란을 벌여 복수심으로 가득 찬 마녀 케이트 배츠의 유령부터, 노예 감독관의 유령, 십대인 베스티가 불러온 폴터가이스트, 베스티의 사기 등 다양한 주장이 제기되었다. 벨의 농장은 계속해서 초자연적인 현상이 벌어졌다. 이곳에 있는 동굴은 현재 '벨 위치 동굴'로 잘 알려져 있다.

유럽의 유령은 고립된 농장이나 괴이한 폐허, 기독교에 국한되지 않았다. 16세기 유대교의 신비주의자 아이작 루리아(지금은 당대 카발라[Kabbalah]의 아버지로 여겨짐)는 영혼의 윤회(길굴, gilgul) 교리를 제시했다. 이 교리가 유대인 사이에서 퍼지자, 은밀히 죄를 지은 살아있는 사람을 사로잡을 수 있는 죽은 자의 영혼인 '디벅dibbuk or dybbuk'에 대한 믿음도 퍼지기 시작했다.

루리아의 제자들은 디벅의 퇴마 의식을 자세히 설명한 필사본을 모았다. 인간의 몸에 들렸던 영혼은 환생하거나 지옥으로 들어간다.[11]

1916년 러시아 작가 S. 안스키S. Ansky는 『디벅The Dybbuck』이라는 희곡을 썼는데, 이 작품은 신들림에 관한 민간전승에 대해 전 세계적인 관심을 불러일으켰다(첫 연극이 상연되기 전인 1920년에 비극적으로 가난에 시달리다 죽었다). 『디벅』은 콘논과 라이아의 이야기다. 두 사람의 아버지들은 자식들을 서로 결혼시키기로 약속했다. 그런데 어느 날 콘논이 갑자기 죽게 되고, 디벅으로 돌아온 콘논은 라이아의 몸 안으로 들어간다. 촛불, 두루마리, 뿔피리 등을 동원해 퇴마 의식을 진행하는 동안 약혼이 깨지게 된 비밀이 밝혀진다. 라이아의 아버지가 딸을 부잣집 남자와 결혼시키려고 콘논을 죽였던 것이다. 디벅은 라이아를 통해 자신이 얼마나 음울한 존재인지 밝힌다.

> 나는 갈 곳이 없다. 내가 가는 모든 길이 막혔고 모든 문이 닫혔다. 악한 영들이 사방에서 나를 에워싸고 나를 삼키려 기다리고 있다. (중략) 하늘과 땅이 있고 우주에는 무수히 많은 세계가 있지만, 내가 안식할 곳은 그 어디에도 없다.[12]

『디벅』은 여러 영화로 각색되었고, 시드니 루멧이 감독한 텔레비전 드라마로도 상영되었다. 또 오페라와 발레 공연도 나왔다.

'디벅'은 '디벅 박스'로 알려진 21세기 초자연적인 현상의 중심에 있었다. 2003년 케빈 마니스라는 남자는 어느 소유물 처분판매estate sale(집주인이 사망했을 때 유품을 모아 판매하는 일-역자 주)에서 와인 박스를 구매했다. 그러자 멀쩡한 전구가 깨지고, 직원이 발작을 일으키고, 고양이 소변 냄새가 강하게 나는 등 기이한 일들이 벌어지기 시작했다. 같은 해 10월 31일에 그는 어머니에게 이 박스를 선물로 주었는데, 바로 그날 어머니는 뇌졸중으로 쓰러졌다.

마니스는 박스를 버리려고 했지만, 마치 그것이 불만이라는 듯 박스는 그에게 다시 돌아왔다. 그때마다 마니스는 악몽을 꾸거나 박스 문이 저절로 열려 있었다(어느 부부는 그 박스를 돌려주면서 "이건 나쁜 기운을 가지고 있어요"라는 쪽지를 남겼다).[13]

마니스는 박스를 이베이eBay에서 팔았고, 다음 소유자도 박스를 다시 팔기 전까지 불안한 일들을 경험했다고 말했다. 마지막 소유자인 제이슨 핵스턴은 결국 박스를 숨겨버렸다. 영화 〈포제션: 악령의 상자The Possession〉도 '디벅 박스' 이야기를 어느 정도 기반으로 삼았다.

20세기에 들어설 즈음에 수집된 러시아 민담들을 보면, 유령은 악의를 품고 복수심에 불타는 모습으로 그려졌다. W.R.S. 랄스톤은 유령을 스칸디나비아의 '드라우가르'와 유사하게 묘사한다.

러시아 민담에서 재현된 저승에서 온 방문자는 형태가 없는 존재가 아니다. 그저 모양이 없고, 느껴지지 않고, 육체적인 힘을 쓸 수 없는 유령이 아니다. 한때 자신의 집이었던 곳이나 미해결된 범죄의 기억에 이끌리는 곳에 나타나는 것도 아니다. 살아있는 시신인 그는 인간을 찾아와 괴롭히고, 때로는 인간의 욕구를 가지며, 인간보다 더 강한 힘과 악성이 부여된다.[14]

예컨대, '수의'라는 제목의 러시아 민담에서는 어느 게으른 소녀가 친구들에게 실 잣는 일을 해주면 대신 자기는 묘지 근처에 있는 교회에 가서 사진을 찍어 오겠다고 설득한다. 묘지 앞을 지나갈 때 이 어리석은 소녀는 수의에 싸여 있는 시체를 발견하고는 수의를 가져온다. 그녀가 집에 도착한 지 얼마 지나지 않아 시체가 창문 밖에 나타나 수의를 묘지 제자리에 가져다 놓으라고 말한다.

소녀가 묘지에 돌아가는 걸 거부하자, 다음 날 밤 시체가 다시 소녀의 부모에게 나타난다. 하지만 소녀는 또다시 거부한다. 그다음 날 소녀의 부모가 목사에게 도움을 요청하자, 목사는 교회에서 특별한 예배를 올린다. 교회 안에서 강한 바람이 휘몰아치고 소녀가 사라진 다음에야 더 이상 시체도 나타나지 않는다.

'두 시체'라는 민담에서는 돌아온 망자가 마치 오늘날의 좀비처럼 행동한다. 묘지를 지나고 있던 군인은 자기 뒤로 시체가 쫓아오고 있다는 걸 깨닫는다. 군인은 어느 예배당으로 도망치는

데, 그곳에는 또 다른 시체가 매장되어 있었다.

군인은 구석에 숨고, 그를 쫓던 시체는 예배당을 박차고 들어온다. 이 시체는 두 번째 시체를 발견한다. 두 번째 시체가 뭘 하냐고 묻는다. 그러자 첫 번째 시체는 "나는 여기 들어온 군인을 쫓아왔다. 그를 잡아먹고 말 테다!" 두 시체는 군인을 서로 잡아먹겠다고 싸우다가 결국 닭이 울고 아침이 밝는다. 그러자 두 시체는 모두 생명을 잃고 바닥에 쓰러진다. 그사이에 군인은 무사히 예배당을 탈출한다.

'개와 시체'라는 민담에서도 무장한 남자(이 경우는 사냥꾼)가 쫓기는 장면이 나온다. 그런데 이 이야기에서는 좀 더 전형적인 유령 같은 모습이 그려진다. 시체의 발이 땅에서 살짝 떠 있고 수의가 발 아래에서 펄럭거린다.[15]

19세기에 새로운 종교가 나타났는데, 영혼과 내세에 대한 관점이 꽤 호의적이었다. 1848년 영국의 소설가 캐서린 크로우는 논픽션 『자연의 밤 The Night-side of Nature』을 출간해 큰 성공을 거두었다. 19세기의 가장 유명한 유령 책일 뿐만 아니라 급증하는 강신술 운동에 지대한 영향을 미친 책이었다. 이 책 서문에서 크로우는 암흑시대의 맹신으로부터 왕정복고 시대의 회의주의를 거쳐 19세기 형이상학적인 사고방식에 이르는 변화에 대해 이야기한다.

지난 시대의 경멸에 찬 회의주의는 좀 더 겸손한 탐구의 정신에 굴복하고 있다. 오늘날 가장 계몽된 사람들 가운데는 많은 사람이 우화로 치부하도록 배웠던 것이 실제로는 아직 이해되지 않은 진리라는 사실을 믿기 시작했다.[16]

다른 책들도 유령에 대한 강한 믿음에 기초한 새로운 종교를 향하고 있었다. 18세기 후반 스웨덴의 신비주의자인 에마누엘 스베덴보리는 하나님이 그에게 다양한 영들과 대화할 수 있는 능력을 주었고, 이 새로운 재능을 기독교를 개혁하는 데 쓰고자 결심했다고 말했다.

1847년 미국의 영매이자 신앙 치유자인 앤드루 잭슨 데이비스는 『자연의 원리, 자연의 신성한 계시, 인류를 향한 목소리The Principle of Nature, Her Divine Revelations, and a Voice to Mankind』라는 책을 출간했다.

이 책은 강신술의 발전과 전파에 중요한 역할을 수행했다. 데이비스는 다음과 같은 믿음을 제시한다. "인간은 가시적 형상을 지니는데, 그것은 '보이지 않고 영원한' 존재와 연결되는 매개체 역할을 한다." 그는 계속해서 이러한 매개체에 의해 '자력'과 '전기력'을 사용할 수 있다고 말한다.[17]

하지만 강신술은 실제로 미국의 어느 작은 마을에서 일어난 일련의 사건들로부터 시작되었다. 이 사건을 시작으로 서양인들의 유령에 대한 집착이 다음 세기까지 이어졌다. 1847년 12월 폭스 가족은 뉴욕의 하이즈빌이라는 동네로 이사했다. 그들은 이

사한 날부터 새집에서 이상한 일들을 목격하기 시작했다. 톡톡 두드리는 소리가 크게 들렸고, 가구가 저절로 위치를 옮겼고, 침대가 스스로 흔들렸다. 이사 후 세 달 동안 소리와 진동이 점점 더 커졌다.

폭스 가족의 막내딸인 케이트는 이윽고 유령이 질문과 요청에 응답한다는 사실을 알게 되었다. 이웃 한 명이 이 유령은 알파벳을 큰 소리를 말하면 해당 글자에서 톡톡 두드리는 식으로 소통할 수 있다고 알려주었다. 그러자 케이트와 언니 마가렛, 엄마는 흔쾌히 소통해보겠다고 했다. 유령의 이름은 찰스 라이언이었고, 그가 무덤 밖으로 나온 이유는 죽은 후에도 생존이 가능하다는 것을 증명해 보이고 싶어서라고 말했다.

폭스 가족은 일종의 영매로서 수요가 높아져 로체스터로 활동 영역을 넓혀 그곳에서 대중적인 교령회를 개최했다. 폭스 가족이 성공함에 따라 영매들이 전 세계에서 우후죽순 생겨났고 '강신술'이라는 새로운 형이상학이 등장하게 되었다. 하지만 폭스 가족에게는 불행하게도, 가까운 친척인 노먼 컬버 여사가 비밀을 털어놓았다.

"톡톡 두드리는 소리는 발가락으로 낸 소리예요. 모든 발가락이 사용되었죠. 캐서린이 그 방법을 보여주고 나서 저도 일주일 정도 연습한 뒤에 완벽하게 따라할 수 있었어요."[18]

1877년 미국에서 활동한 강신술사의 수는 200만 명에서 최

화재가 발생하기 전 릴리 데일리에 있던 폭스 가족의 집

대 1,100만 명에 이를 것이라고 추산한다. 강신술사들은 주로 자기 집 거실에서 교령회를 자주 열었다. 이때 공중 부양, 물체의 순간 이동, 으스스한 음악, 환영幻影, 심령체 등을 보여주거나 들려주었다.

강신술사 중에 가장 인기가 많았던 사람은 윌리엄 대번포트와 아이라 대번포트였을 것이다. 두 미국인의 아버지는 수사계 형사였다. 폭스 가족이 경험한 유령 이야기에 흥미를 느낀 대번포트 형제는 그들도 유령과 소통해보기로 하고 천상의 안내자는 '존 킹'이라고 주장하기 시작했다(1864년 대번포트 형제가 발행한 팸플릿에는 '조니 킹'으로 확인된다. 실제 이름은 한때 자메이카의 총독이었던 헨리 모건 경이었다).[19]

1855년 아이라와 윌리엄이 각각 열여섯 살, 열네 살에 불과했을 때, 넓은 회관을 빌려 사람들에게 퍼포먼스를 보여주기 시작했다. 탁자에서 톡톡 소리가 나는 것을 넘어 악기가 공중에 떠다니고, 보이지 않는 '영혼의 손'이 구경하는 사람을 세게 잡아당기는 등 레퍼토리가 점점 다양해졌다.

대번포트 형제는 공연 중에 '영혼의 상자'도 소개했다. 이것은 사방이 막혀 있는 상자인데, 그들이 이 안에 밧줄에 묶인 채 들어가 있고, 여기서 온갖 신기한 현상을 보여주었다. 대번포트 형제의 진짜 재능은 탈출 마술이었는데, 나중에 해리 후디니라는 젊은 마술사를 고용하기도 했다(후디니는 아이라 대번포트가 1911년에 죽기 직전에 그와 친구가 되었다).

대번포트 형제는 스스로 '영매'라고 부른 적이 단 한 번도 없지만, 그럼에도 그들의 공연은 교령회로 불렸다. 그래서 유명한 마술사인 J. N. 마스켈라인과 같은 회의론자들이 이 형제들의 공연을 정밀하게 조사했다. 마스켈라인은 그들의 퍼포먼스를 정확히 모방할 수 있을 때까지 연습을 거듭했으며, 1883~1884년에 런던의 이집트 홀에서 200번이나 모방 교령회를 개최했다.

1875년에 애니 페이라는 매력적인 금발의 여성이 런던에 도착했다. 그녀는 영적 소통에 뛰어난 재능을 지니고 있었다. 페이는 어두운 방에 20명 정도를 초청해 퍼포먼스를 선보였다. 관객들이 서로 손을 잡자 페이는 박수를 치기 시작했다. 박수 소리에 따라 방 안에서는 마치 영혼의 손들이 연주하듯 음악 소리가 울

대번포트 형제, 1860년경

리기 시작했고, 어둠 속에 있던 사람들은 감동을 받았다. 심지어 페이는 진공관을 발명한 영국의 저명한 과학자 윌리엄 크룩스의 집에 초대받기도 했다. 이 영매가 테스트에 통과하자 크룩스는 그녀의 힘은 진짜라고 선언했다. 불행히도 조수를 고용해 숨겨두는 등 그녀의 사기 행각이 곧 드러났지만 페이는 1924년까지도 공연을 계속 진행했다. 아이라 대번포트가 그랬던 것처럼, 페이도 후디니에게 자신의 비밀 일부를 털어놓았다.

강신술 열풍이 불면서 영매들은 계속 등장했으며 새로운 영적 소통 방식을 소개했다. '영혼의 물질화'를 통해 교령회에 참석한 사람들은 유령을 만날 수 있을 것이라 기대했다. 강신술사들은 이런 물질화는 유령이 참석자들로부터 '원자'를 빌려야 가시적인 형태를 만들 수 있다고 말했다. 다른 유명한 영매들은 '석판 쓰기slate-writing'를 고안했는데, 유령이 석판에 메시지를 남기는 것이었다, 때로는 참석자들의 질문에 유령이 이 석판에 답하기도 했다. 영혼의 물질화와 석판 쓰기는 둘 다 숨겨진 조수가 필요했는데, 몇 번이고 계속 노출되었다.

강신술과 영매의 사기 행각이 계속 드러났지만, 이 운동의 열풍은 식지 않았다. 지지자들은 영적 소통을 위해 결국 속임수를 사용하는 영매들도 실제로는 진짜 영혼과 연결되어 있다고 주장했다. 심지어는 '악령'이 사기꾼을 속여서 자신을 스스로 드러낼 때도 있다고 주장했다. 로버트 데일 오웬은 『저승의 경계에 남은 발자국Footfalls on the Boundary of Another World』(1859년 첫 출간)이라

퍼포먼스를 보여주는 영매의 조수, 판화, 1864년

는 괴담 모음집 서문에서 이러한 가능성을 제시한다.

> 만약 영혼이 더 높은 목표나 더 고상한 목적 없이 이전의 모습으로 다시 나타난다는 것을 상상할 수 없다고 주장한다면, 같은 이유로 인간도 실제 근거 없이 그러한 이야기를 창조할 수 없다는 것을 인정해야 한다. 일단 한번 작동한 상상력은 두드리기, 긁기, 가구 흔들기, 어린아이 놀리기 등으로 제한되지 않는다. 좀 더 인상적이고 신비한 무언가를 만들어낼 것이다.[20]

회의론자들은 왜 유령이 대낮에는 나타날 수 없는지, 왜 교령회는 밝은 방 안에서는 열리지 못하는지 의문을 가졌다. 대번포트 형제의 동료이자 연대기 작가인 오린 애봇Orrin Abbott은 빛은 유령이 모습을 드러낼 수 없는 '불안한' 조건이라고 주장했다.

생리학 연구는 우리의 몸이 계속 변화를 겪는다는 사실을 보여준다. 음식을 먹으면 새로운 입자가 들어오고, 오래된 입자는 몸 밖으로 배출된다.

모습을 드러내는 유령들은 전기력을 이용해 영매로부터 떨어져 나온 입자들을 모아 몸통과 팔다리를 만든다. 하지만 빛은 입자들을 모아 몸을 만드는 것을 어렵게 만든다.[21]

회의론자들은 유령이 옷을 입고 나타나는 이유도 물었다. 유령이 죽은 사람의 영혼이라면, 왜 벌거벗은 모습으로 나타나지 않는가? 어떻게 프록코트나 가죽 부츠도 덩달아 유령이 되었는가? 조지 크루섕크는 『유령의 발견』에서 갑옷 한 벌이든 속옷 한 벌이든 모든 옷에도 고유한 유령이 존재해야 하는 것 아니냐고 묻는다. 이 질문에 대한 대답으로 뉴턴 크로슬랜드는 이렇게 설명했다.

우리가 살아있을 때 입는 옷이든 삶의 태도든 모든 것이 영적 세계에서도 생생하게 재현된다. 하나님의 인도 아래 천사들은 영적 시력

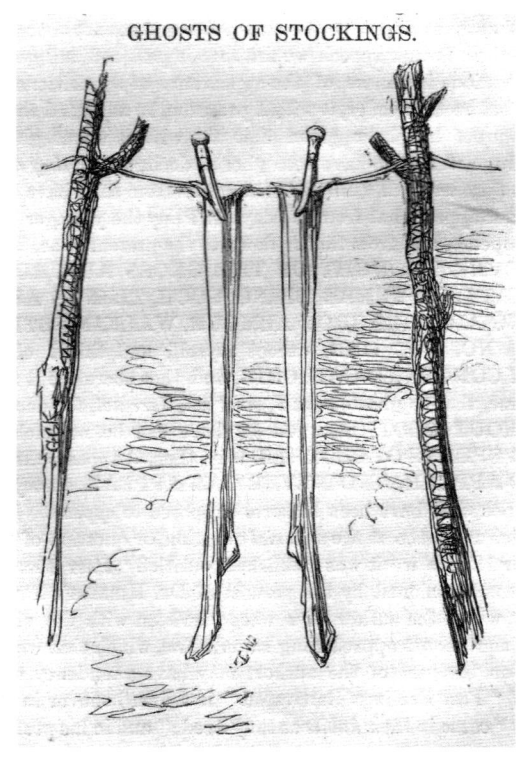

조지 크루섕크, 〈스타킹의 유령〉, 1864.

을 가진 사람들에게 영혼의 모습이나 상황, 특징 등을 생생하게 보여 주는 능력을 지니고 있다.[22]

당대의 유머 작가들은 맹신자들을 공개적으로 조롱했다. 특히 1861년 인기 절정의 아르테무스 워드 Artemus Ward(찰스 브라운의 필명, 에이브러햄 링컨이 극찬한 작가)가 쓴 「유령들 사이에서Among the Spirits」라는 글이 유명하다. 작가는 교령회에 그의 이웃들이 참석한 것에 대해 이야기한다. 이 교령회에서 '빌 셰익스피어'와 존 버니언의 영혼도 등장한다. 워드는 이 글 마지막에 영매의 속임수를 비판하며 다음과 같이 자신의 의견을 피력한다.

"그들은 누구에게도 이로운 일을 하지 않고, 사회에 해로운 존재이며, 선량한 사람들을 대상으로 도적질을 하고 있다."[23]

수많은 정치사상가도 강신술에 강한 이의를 제기했다. 사회학자이자 철학자인 허버트 스펜서는 모든 종교와 신앙에 적용되는 유령 이론을 만들었다. "주변 사물의 속성과 움직임뿐 아니라 인간의 생각과 감정은 보이지 않는 존재에서 기인한다. 그러므로 이 존재는 결합된 인과관계 매커니즘을 구성한다."[24]

특이하게도 종교인들 역시 강신술에 반대했다. 이 운동은 기독교를 수용하고 있지만, 가톨릭 사제들은 죽은 자와 소통한다는 생각 자체에 불편함을 느꼈다. 요한 그마이너 목사는 『어둠의 영혼들』에서 다음과 같이 강하게 비판했다. "현대의 강신술은 사실상 그리스도 시대 이전에 이미 알려지고 모세에 의해 가증한 것으로 규정된 고대 이교도 행위가 다시 부활한 것에 불과하다."[25]

생령fetches(다른 사람이 죽거나 트라우마를 겪을 때 방문하는 살아있는 사람의 영혼) 이야기는 19세기 내내 인기를 끌었다. 어떤 사람들의 생령은 신문의 헤드라인을 장식하기도 하고 강신술사들이 유령의 존재를 증명하는 증거로 제시될 정도로 권위를 인정받기도 했다. 그중 하나의 사례가 중·일 최고 영사 재판소의 수석 판사인 에드먼드 혼비 경이다. 1875년 1월 에드먼드 경은 이렇게 주장했다.

어느 날 밤 그는 그날 법정 판결에 대해 묻는 기자 때문에 새벽 1시경에 깨어났다. 에드먼드 경은 아내가 깨지 않도록 조심히, 짧은 기사를 몇 자 써서 기자에게 보냈다. 그런데 다음 날 에드먼드 경은 그 기자가 새벽 1시경에 심장 문제로 사망했다는 사실을 알게 되었다.

그러나 모든 사람이 이 사실을 곧이곧대로 믿은 것은 아니다. 『노스 차이나 헤럴드North China Herald』의 기자인 밸푸어는 에드먼드 경과 죽은 기자를 모두 잘 알고 있었다. 그는 당시 에드먼드 경의 아내는 이미 죽은 지 2년이 지났고, 기사에서 언급된 일들이 실제로 벌어지지 않았으며, 기자는 그날 오전 8시와 9시 사이에 사망했다고 말했다. 밸푸어는 이렇게 결론을 내렸다.

누군가 이와 비슷한 방식으로 제대로 검증하고 관찰하고 조사한다면, 비슷한 종류의 이야기들은 모두 모순을 드러내며 무너지고 말 것이다.[26]

1884년 강신술은 결국 큰 타격을 받고 인기가 크게 떨어질 것처럼 보였다. 헨리 세이버트라는 한 신사가 죽으면서 펜실베이니아 대학에 기부금을 남겼다. 이 대학에서는 강신술을 조사하기 위한 위원회를 만드는 조항 아래 철학과 학과장 임명을 추진했다. 위원회는 영매들을 조사하기 시작했는데, 이들 대부분은 어떤 형태의 조사에도 협조하지 않았다. 한편 조사에 참여한 영매들은 모두 사기꾼으로 밝혀졌다. 1887년 발행된 159쪽짜리 보고서의 결론에서 위원회 의장인 호레이스 하워드 퍼니스는 다음과 같이 적었다

"강신술을 조사할 때 단테의 모토를 명심해야 하고, 이 조사에 임하는 사람들은 모든 희망을 버려야 한다." 그러면서 기부금을 남긴 사람이 열렬한 강신술사라는 사실을 알고 있었을 퍼니스는 이런 말도 남겼다.

"나는 강신술이라는 거대한 우주에서 지극히 작은 것만 조사했을 때는 보편적인 평결을 내릴 수 있다고 생각하지 않는다."[27]

20세기가 밝고 전등, 자동차, 전화, 영화 등 새로운 과학기술이 등장하면서, 강신술이나 유령에 대한 믿음은 퇴색될 것처럼 보였다. 하지만 칼 융이 말했듯이, 사후 세계에 대한 생각은 다른 것으로는 대체될 수 없는 '원초적인 심상primordial image'이었다. 융 자신도 그의 믿음을 더 강하게 만들어주는 초자연적인 만남을 수차례 가졌다. 다음은 1916년에 그가 경험한 일이다.

일요일 오후 5시경 현관문 초인종이 미친 듯이 울리기 시작했다. (중략) 하지만 아무도 보이지 않았다. 나는 초인종 근처에 앉아 있었

지만 아무것도 듣지 못하고 아무것도 보지 못했다. 우리는 모두 서로를 응시할 뿐이었다. 정말이지 공기가 무거웠다! 내가 알기로 이제 무언가가 일어나야 했다. 집 전체가 마치 군중으로 가득 차듯 영혼들이 잔뜩 들어와 있었다.[28]

위대한 발명가 토머스 에디슨도 유령의 존재를 믿고 있었다. 심지어 그는 유령과 쉽게 소통하기 위한 기계 장치를 발명하려고 했다. 20세기 최고의 천재 과학자 앨버트 아인슈타인은 어떤가? 그는 유령을 믿느냐는 질문에 이렇게 답했다.

"10명가량의 다른 사람이 동시에 같은 현상을 목격한다면 나는 믿을 수 있다."[29]

아인슈타인의 에너지 보존에 관한 이론은 유령 사냥꾼들이 유령의 존재를 증명하는 과학적 근거로 이용되기도 했다. 에너지의 총합이 일정하다면, 우리가 죽을 때 그 에너지는 어디로 가는가? 사실상 이 에너지는 (열의 형태로) 자연 환경으로 퍼지거나 다른 유기체로 옮겨 가지만, 유령을 믿는 사람들은 살아있는 몸에 있던 에너지에 대해 설명하는 것은 불가능하다고 계속 주장한다.

아인슈타인의 이론은 과학자 던컨 맥두걸Duncan MacDougall 박사의 연구를 뒷받침하는 듯 보였다. 이 과학자는 1907년 죽음을 앞둔 환자들을 연구한 결과 사람이 죽으면 정확히 21그램이 줄어든다고 말했다. 이 21그램은 영혼의 무게였을까? 불행히도 맥두걸의 방법론은 부정확하고 결과도 일관성이 없어 당시에 묵살

되었다.

1914년 7월 28일 인간의 정신을 포함해 인류 문명의 근간을 뒤흔드는 사건이 발생했다. 오스트리아 대공 프란츠 페르디난트의 암살 사건이 촉발한 전쟁은 수천만 명의 사상자를 내고 어마어마한 규모의 피해를 초래했다. 제1차 세계대전은 전 세계에 비통한 생존자들을 남겼다. 그들은 전쟁에서 잃은 가족들의 목소리를 언제라도 다시 듣고 싶었고, 이에 따라 강신술의 인기도 다시 높아졌다.

20세기 강신술의 유명한 지지자 중 한 사람은 셜록 홈스를 탄생시킨 아서 코난 도일 경이다. 도일은 강신술을 주제로 하는 순회강연을 다녔으며, '죽은 자의 속삭이는 목소리'와 '교령회에 비친 영광의 빛'을 접한 경험을 다룬 책을 쓰기도 했다.[30]

문학계에서 매우 이성적인 사람에 속하는 작가가 사기꾼 영매나 '코팅리 요정Cottingley Faires' 사진(실제 사진에 요정의 모습을 합성한 사진)에 속을 수 있다는 사실에, 누구보다도 도일의 친구 해리 후디니Harry Houdini는 얼떨떨했다. 1920년대에 후디니와 도일은 유령 사냥 역사상 가장 친밀한 우정을 나눈 친구였다.

후디니(수십 명의 사기꾼 영매들을 폭로한 천재 마술사이자 탈출 예술가)는 도일을 놀라울 정도로 잘 속는 사람이라고 생각했다. 반면, 도일은 후디니가 천재적인 초능력을 가지고 있다고 믿었다. 어쨌든 두 사람은 서로의 재능을 존중했고 심령학 연구에 관한 관심사를 공유했다. 하지만 그들의 우정은 어느 순간부터 갑자기 금이 가기 시작했다.

도일과 그의 아내가 후디니의 가족들과 교령회를 열자고 고집했는데, 이때 영매 역할을 했던 도일 부인이 후디니의 어머니 목소리로 말을 한다고 주장한 것이다.

1920년에 도일과 후디니가 연구한 영매로 매우 인기가 높았던 에바 C.Eva C.라는 사람이 있었다. 당시 교령회에서는 엑토플라즘ectoplasm을 만들어내는 것이 보편적이었다. 엑토플라즘이란 영매의 몸에서 흘러나온 혼령이 형체를 가질 수 있게 해주는 심령체를 말한다.

프랑스의 생리학자이자 강신술사인 샤를 리셰가 1900년경에 이 물질을 처음으로 '엑토플라즘'이라고 불렀는데, 그는 이것이 유령과 상관없는 초자연적인 현상과 관련 있다고 믿었다. 하지만 다른 강신술사들은 엑토플라즘을 특정 유령을 볼 수 있게 해주는 물질이라고 생각했다. 영매가 엑토플라즘을 만들어낸 직후에는 보이지 않지만 유령이 그것을 망토처럼 걸칠 수 있다고 여겼다.

에바 C.는 평상시에도 엑토플라즘을 만들어낼 수 있다고 주장했다. 에바는 1905년 알제리의 수도 알제에서 처음으로 교령회를 열었다. 거기서 그녀는 자신이 300살 먹은 인도 브라만 비엔 보아Bien Boa의 영혼을 만들었다고 주장했다. 그 이후로 이름을 바꾸고(원래 이름은 마르테 베로), 엑토플라즘을 만들기 시작했다. 사람들은 그녀의 퍼포먼스에 열광했는데, 아마도 부분적으로는 관객에게 나체 상태에서 아무것도 숨기지 않은 것을 보여주었기 때문일 것이다.

1920년에 후디니는 수많은 교령회에 참석해 거기서 그녀가 만든 다양한 엑토플라즘을 목격했다. 후디니는 "4인치 크기의 작은 얼굴 모양의 엑토플라즘"도 봤다고 진술한다.[31] 어느 교령회에서는 마지막에 에바가 입에서 엑토플라즘을 만들고 난 다음 다시 사라지게 했다. 후디니는 교묘한 속임수라는 걸 눈치 챘다. 그는 마음을 열고 교령회에 참석했지만 매번 실망감만 남았다. 『유령들 속에 있는 마술사A』에서는 에바 C.에 관해 다음과 같이 적고 있다.

"어쨌든 나는 보고도 믿을 수 없다. 에바가 입으로 구토한 것에 불과하다. 그게 아니라고 주장한다면 그 일은 '사기죄'에 불과하다."[32]

에바 C.의 정체를 폭로한 또 다른 사람이 있다. 해리 프라이스는 원래 고고학을 공부하려고 했으나, 심령 현상과 영매를 연구하게 되었고, 지금은 20세기의 탁월한 유령 사냥꾼으로 기억되고 있다. 후디니처럼 프라이스도 마술에 관심이 있었고 사기꾼을 탐지하는 데 뛰어났다. 그는 에바 C.에게서 나온 엑토플라즘 얼굴이 사실은 잡지에서 오린 그림에 지나지 않다고 밝혔다(또 다른 연구자들은 그녀가 만들어낸 엑토플라즘은 입으로 씹은 종잇조각에 불과하다고 분석했다).

프라이스는 엑토플라즘을 만드는 영매들을 계속 연구했고,

해리 후디니(1874~1926)가 교령회에서 쓰는 (아마도 엑토플라즘으로 만든) '영혼의 손'을 어떻게 만드는지 보여주고 있다.

그는 곧 엑토플라즘을 '질' 속에 숨겨두었다가 보여준다는 끔찍한 사실을 알게 되었다. 1931년에 헬렌 던컨이라는 영매를 연구하면서 프라이스는 손을 사용하지 않거나 허리 아래에 몸의 어떤 구멍에서도 무언가를 만들어내지 못하는 특별한 옷을 고안

했다. 하지만 던컨은 여전히 엑토플라즘을 만들어냈다. 결국 프라이스는 그녀가 놀라운 구토의 재능을 가지고 있다는 사실을 깨달았다.

1939년에 던컨이 만든 엑토플라즘의 길이를 살펴본 작가 메리 로치는 길이 3미터, 폭 1미터의 면직물이 담긴 상자를 열었다. 상자 안에 함께 있던 노트를 보면 그것은 구토를 통해서 나온 것이 아니라 던컨의 질 속에서 나왔다고 기록되어 있다.[33]

프라이스는 유령 사냥꾼으로서 명성이 계속 높아졌는데, 그의 능숙한 쇼맨십도 한몫했다. 1936년 3월 10일에 그는 처음으로 라디오 생방송에 나와서 켄트주 로체스터 근처에 있는 유령의 집에 관해 무슨 연구를 했는지 이야기했다.

1940년에는 볼리 목사관Borley Rectory의 유령 연구를 다룬 책을 출간했는데, 초자연 현상 분야에서 고전이 되었고 오늘날에도 계속 재출간되고 있다. 볼리 목사관은 원래 수도원이 있던 자리에 지어진 건물인데, 이 수도원은 수도사와 수녀가 서로 사랑하다가 함께 죽은 비극적인 러브 스토리가 전해지는 장소이기도 했다(어느 버전에서는 수도사가 잡혀서 참수당하기 전에 수녀를 죽였고, 또 어떤 버전에서는 다른 수도사가 두 사람을 모두 잡았는데 수도사는 죽이고 수녀는 수도원에 산 채로 가두었다). 목사관 안에서 일하는 하인들은 복도에서 슬리퍼 끄는 소리가 들리고, 주변 숲에서는 수녀들이 얼핏 보이며, 늦은 밤에는 유령 마차가 지나간다고 보고했다.

1929년 프라이스는 목사관을 조사해달라는 요청을 받았다. 그가 목사관에 도착한 지 얼마 지나지 않아 숲속에서 검은 유령이 슥 지나가는 것을 보았고, 물체들이 저절로 움직이는 것을 목격했다. 목사관에서 벌어진 가장 기이한 일은 벽에 연필로 적힌 일련의 메시지였다. 이 메시지는 매리언 포이스터Marianne Foyster에게 전해졌는데, 그녀의 남편은 1930년에 목사관을 맡은 적이 있었다. 메시지는 심하게 휘갈겨 쓰여 있었고 대부분 읽을 수 없는 상태였다. 몇몇 단어는 영어 사용에 익숙하지 않은 사람이 쓴 것 같았다.

프라이스는 메시지가 제대로 읽을 수 없는 상태인 것이 오히려 진짜라는 증거로 보았다(장난꾼이었다면 벽에 단순히 선, 점이나 쓰다 만 것 같은 글씨를 남기는 것으로 만족하지 않았을 테니 말이다).[34]

1948년 프라이스가 죽은 뒤에, 그의 타고난 쇼맨십이 너무 지나쳤고 도리어 그가 볼리에서 정교한 사기를 저질렀을 수도 있다는 주장들이 상당히 많았다. 비록 목사관은 1939년에 불타버렸고 1944년에 철거되었지만 이 터에서는 계속 유령이 목격되었다. 1996년에 찍힌 사진에는 지금 건물 앞에 수도사 유령 같은 것이 보였다.

1930년대에는 강신술의 인기가 빠른 속도로 사그라들면서 영매들의 사기 행각이 폭로되었지만, 영매들은 끊임없이 뉴스의 헤드라인을 장식했다. 탁자 두드리는 소리를 내거나 엑토플라즘을 만드는 물질적인 영매들(반면, 정신적인 영매들은 단순히 메시지를 알

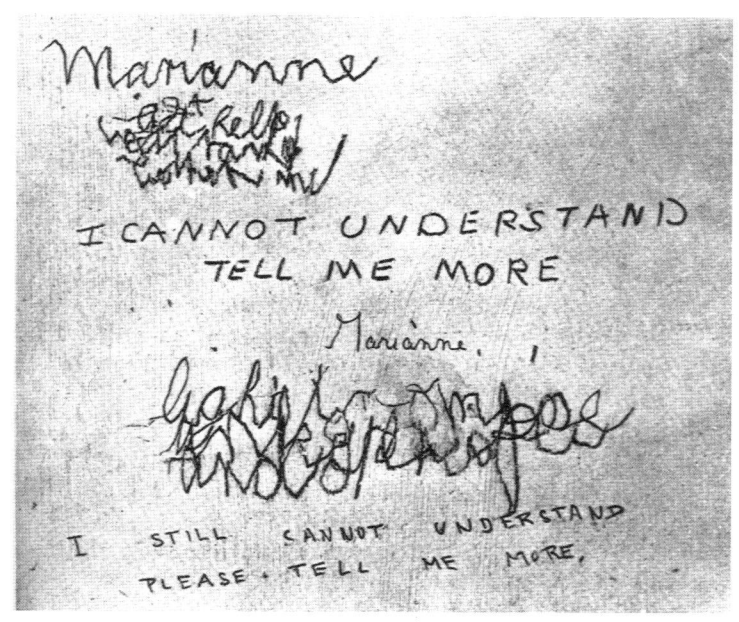

볼리 목사관 벽에서 발견된 유령의 메시지

리거나 영과 만나기만 한다)은 더 과감한 주장을 내놓았다. 예컨대, 웨일스의 영매 콜린 에반스는 교령회에서 영의 힘을 빌려 공중 부양을 할 수 있다고 말했다. 이 주장을 증명하기 위해 1937년 에반스는 신문사에 자신이 공중 부양하는 사진을 보냈다. 하지만 사람들은 이 사진에서 에반스가 한 손에 사진기 연결 케이블을 잡고 있는 것을 발견했다. 어둠 속에서 진행된 교령회 중간에 폴짝 뛰면서 스스로 사진을 찍었던 것이다.

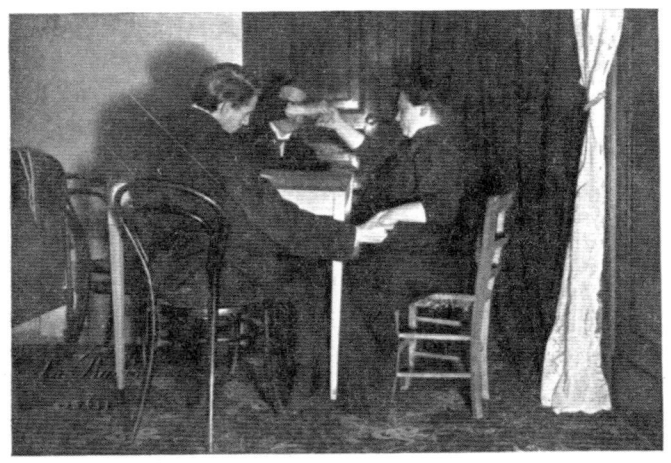

탁자를 공중 부양시키는 영매 유사피아 팔라디노, 1909.

영매들에게 반박할 증거는 한 무더기나 쌓여 있지만, 강신술은 완전히 사라지지 않았고 오늘날에게도 미국과 영국의 수백 개 교회에서 조직화되어 있거나 개인적으로 영매들이 활동하고 있다. 19세기 영국의 영매 엠마 하딘지 브리튼은 '현대 강신술의 어머니'로 간주되고 있다. 그녀는 현대 강신술의 7가지 원리를 만들었고(개인적 책임, 인간 영혼의 지속적 존재 등), 1880년대와 1890년대에 당시 영국에 세워져 있던 여러 강신술 교회를 하나로 연합하는 활동을 진행했다.

강신술의 예루살렘을 꼽으라면 의심할 여지 없이 뉴욕에 있는 릴리데일Lillydale이라는 작은 마을을 꼽을 수 있다(이 마을의 웹사이트에 들어가면 '세계에서 가장 큰 강신술의 중심지'라고 소개하고 있다). 1879년에 버팔로 남쪽으로 100킬로미터 떨어진 곳에 세워진 릴리데일은 여름 시즌에만 2만 명의 방문객이 약 50명의 공인된 영매를 찾아온다. 한때 이 마을은 방문객들에게 뉴욕의 하이즈빌에서 옮겨온 폭스 자매의 오두막(1955년에 전소되었다)을 구경할 기회를 제공했다. 지금은 마을 출입 시 '입장료'를 받으면서, 영매 시연, 워크숍, 유령 관광, (정령들이 거주한다는) 숲 산책, 쇼핑 등을 제공한다.

1925년경에 심리학 교과서와 유령 사냥 관련 글(초심리학)에서 새로운 단어가 등장하기 시작했다. 초심리학은 좀 더 과학적인 방법을 이용해 초자연적인 현상을 연구하는 학문으로, 19세기 심령술 연구자들의 연구를 통해 탄생했다. 1882년 영국의 물리학 윌리엄 배럿과 저널리스트인 에드먼드 도슨 로저스는 심령연구협회Society for Psychical Research, SPR를 세웠다. 여러 가지 초자연적 현상을 진지하게 연구는 최초의 단체였다.

1886년 이 협회는 텔레파시, 환각, 유령 등 700여 건의 사례를 연구하고, 『살아있는 자의 몽환Phantasms of the Living』이라는 책을 출간했다. 두 권 분량의 이 두꺼운 책이 특별히 '죽은 자의 영혼'에 대해 다루고 있지는 않지만, 출간 당시에 협회 회원인 리처드 호지슨과 S.J. 데이비는 교령회에서 영매들이 행하는 엉터리 기술을 설명하고 있다.

협회는 심령 연구 도서관을 세웠고, 1885년에는 미국심령연구협회American Society for Psychical Research를 설립했다.

해리 프라이스가 사기꾼 영매들을 밝히고 유령이 출몰하는 지역을 조사하느라 분주한 동안, 다른 사람들은 초심리학이라는 새로운 분야에서 다양한 연구를 진행하고 있었다. 1930년대 말에 영국에 살고 있던 헝가리의 심리학자는 어느 강신술사들의 모임에서 유령과 관련된 현상 중 대부분은 심리학적인(그리고 인간적인) 이유가 있다고 주장함으로써 소동을 일으켰다.

1920년대 초에 미국에서 기자로 일하던 낸더 포더Nandor Fodor 박사는 헤리워드 캐링턴의 『현대의 심령 현상들Modern Psychic Phenomena』이라는 책을 읽고 심령 현상에 관심을 갖게 되었다. 낸더 포더는 작가이자 연구자인 캐링턴과 우정을 쌓아갔고, 본인도 기이한 현상을 목격하기 시작했다. 포더는 『유령에 사로잡힌 정신The Haunted Mind』에서 연구의 기본 원칙을 제시했다.

"심령 연구에서 가장 중요한 질문은 이것이다. '보고된 현상이 실재하는가, 아닌가?'"[35]

1936년에 그는 '애쉬 저택 유령Ash Manor Ghost'으로 알려진 사건을 연구했다. 포더가 이 사건의 연구 결과를 발표하자 강신술사들과 심령 연구 단체들은 큰 충격을 받았다. 이 사건에는 킬Keel이라는 한 신사가 등장하는데, 그는 최근에 오래된 집인 애쉬 저택을 구입했다. 아내와 16살 딸 패트와 함께 이 집에 이사한 지 얼마 되지 않아 킬은 톡톡 두드리는 이상한 소리를 듣기 시작했다.

어느 날 밤 그는 엘리자베스 1세 시대 풍의 녹색 원피스를 입은 유령을 보고는 아내의 침실로 도망쳐 왔다. 킬 부인도 유령을 목격했고, (남편이 그랬던 것처럼) 불청객을 붙잡으려 했지만 손에 잡히지 않았다. 킬은 집을 팔면 엄청난 손해를 볼 것이 두려워, 대신 포더와 같은 심령 연구가들을 불렀다. 포더는 영매인 에이린 J. 개럿Eileen J. Garrett과 함께 그 집에 방문했다.

개럿은 최면 상태에 들어가더니 '영혼의 지배자'인 우바니 Uvani의 목소리를 내기 시작했다. 우바니는 킬 가족이 가진 문제를 넌지시 내비쳤다. 포더가 우바니가 말하는 문제가 무엇인지 킬 부인에게 묻자, 부인은 딸과의 관계에 문제가 있는 것과, 남편은 동성애자라는 사실을 고백했다. 포더는 "무방비의 심리 상태를 가진 사람들"에게 유령이 모습을 드러낼 수 있다는 가설을 세웠다.[36]

포더의 이론은 강신술사들과는 잘 맞지 않았고, 그 후 10년 동안 초심리학에서 눈을 돌려 심리학적 관점으로 초자연적 현상을 연구하기 시작했다. 1940년대에 그는 고전적인 폴터가이스트 사건(벨 위치 사건을 포함)을 연구한 두 논문을 출간함으로써 초심리학 분야에서 혁명을 일으켰다.

폴터가이스트는 유령으로부터 자연스럽게 이어진 후계자처

럼 보였다. 이 말은 독일어에서 나왔고, 문자 그대로 '시끄러운 유령'으로 번역된다. 1848년에 출간된 캐서린 크로우의 소설『자연의 밤』에서 처음으로 영어로 쓰였다. 그런데 이 용어와 콘셉트는 독일에서는 상당히 길고 흥미로운 역사를 갖고 있다. 독일에서 이 단어는 마르틴 루터의 저작에 처음 등장했다(룸펠가이스터[Rumpelgeister]와 쉬푸켄[spuken]이라는 다른 용어와 함께 등장했다).

1530년 루터는 가톨릭교회의 해악 114개를 정리했는데, 그중 5위가 폴터가이스트로 사제들의 순결 서약보다 더 높은 순위를 차지했다. 루터는 가톨릭교회가 폴터가이스트와 같은 유령들의 이야기를 이용해 신자들이 미사에 나오도록 만든다고 생각했다. 심지어 폴터가이스트를 직접 다루는 사람들에게 이렇게 조언하기도 했다.

> 그는 당신에게 해가 되거나 하나님의 말씀을 공격하지 않을 것이다. 의심하지 말라. 폴터가이스트는 하나님이 우리를 벌하시려고 보낸 존재가 아니다. 폴터가이스트는 인간에게 해를 끼칠 힘이 없기 때문에 우리에게 그냥 겁만 줄 뿐이다. 그 존재에게 해를 끼칠 힘이 있었다면, 그렇게 시끄러운 유령이 되지 않고 오히려 자신을 알아보기 전에 나쁜 짓을 저질렀을 것이다.[37]

그로부터 300년 후, 강신술을 비판하는 어떤 사람은 교령회에 등장하는 유령이 루터가 말하는 폴터가이스트처럼 행동하는 게 이상하다고 생각했다. 1863년 『런던 쿼털리 리뷰London Quarterly Review』에서는 이렇게 말한다.

"오늘날의 교령회에서 구시대적인 눈에 보이는 유령에서 시끄러운 유령, 즉 폴터가이스트로 대체되어오는 것처럼 보인다."[38]

이 기사는 이어서, 현대 과학은 착시를 판별하는 기술은 발전했지만, 그만큼 청각을 식별하는 연구는 발달하지 못했다고 말한다.

20세기에 이르러 심령연구협회SPR 회원들과 다른 초자연 현상 전문가들의 연구 영역이 광범위해지면서, 폴터가이스트는 사후 세계의 영역에서 점차 제거되기 시작했다. 1908년 심령연구협회 회원인 프랭크 포드모어는 폴터가이스트의 활동 뒤에는 사람이 숨어 있었다고 주장했다.

> 소란의 와중에는 대개 아이와 젊은 하녀가 있다. 그들이 없으면 아무 일도 일어나지 않는다. (중략) 실제로 우리는 교령회에 참석했는데, 아이들이 저지르는 속임수를 눈치 챘다. 또 다른 경우에는 다른 사람들이 속임수를 쓰는 것도 보았다. 가끔 어떤 아이가 뒤늦게 속임수를 고백한 적도 있다.[39]

1930년 캐링턴은 모든 폴터가이스트 사건이 사기와 기만이라는 분석에 동의하지 않았다. 폴터가이스트가 주로 젊은 사람들과 연결되는 또 다른 이유가 있을 것이라고 주장하면서 말이다. 그는 청소년기에 피어나는 성적 에너지가 "신체의 한계를 넘어 표면화"된다고 믿었다.[40]

그러나 캐링턴은 포더의 정신분석학적 해석에 박수를 보냈다. 1940년대에는 부분적으로 포더의 심리학적 분석 덕분에, 유령에 대한 사회의 태도가 다시 바뀌었다. 시끄럽고 톡톡 두드리는 유령의 신비성이 사라지면서, 문학과 영화에서 희미하게 어른거리는 고딕식 유령이 다시 등장했다. 물론 유령은 이제 낭만적인 존재로 변해 있었다. 영화 〈유령과 뮤어 부인The Ghost and Mrs Muir〉(1947)과 〈제니의 초상A Portrait of Jennie〉(1948)은 1940년대 공포적인 측면은 거의 제거되고 안전한 유령의 모습을 보여준다. 1945년 꼬마 유령 캐스퍼가 등장하면서 스크린에 나오는 유령들이 얌전해지기 시작했다.

캐스퍼는 최초의 유령 만화 영화인 〈다정한 유령Casper the Friendly Ghost〉에 나오는 주인공으로, 인간에게 겁을 주기보다는 인간과 친해지고 싶어 하는 꼬마 유령이다. 1950년대에는 유령에 대한 관심이 영화나 신문에서 모두 사라진 것처럼 보였다. 초자연적인 현상의 연구 대상도 주로 비행접시로 바뀌었다.

1960년대 스토리텔링에 관대해진 새로운 시대가 도래하면서 영화 제작자들은 고전 유령 책들의 성심리性心理적인 숨은 의미를 제거했다. 그 결과 잭 클레이턴의 〈이노센트The Innocents〉(1961)와 로버트 와이즈의 〈더 헌팅The Haunting〉(1963)과 같은 영화들이

유령이 출몰하는 런던탑

탄생했다. 그런데 격변의 10년 동안 유령의 인기와 관련된 좀 더 중요한 사건은 바로 제트 시대의 도래였다.

여행이 빠르고, 호화롭고, 비교적 저렴해지면서 관광 산업이 폭발적으로 증가했고 지역의 유령 관광이 전 세계적인 관심을 받게 되었다. 1957년 2월 12일 밤, 레이디 제인 그레이가 처형된 지 정확히 403년 뒤에 그녀의 유령이 런던탑을 지키고 있던 경비병에게 목격되었다.

이 젊은 웨일스 경비병은 무척 놀랐지만 그가 이 사건을 알렸을 때는 "너무 흔해서 별것 아닌 일"로 치부되었다.[41]

60여 년이 지난 지금은 유령의 목격이 탑에 방문하는 관광객에게는 일상적인 일이 되었고, 기념 책자나 웹사이트에서 유령 곰이나 하얀 여인 이야기와 함께 소개되고 있다.

런던탑은 전형적인 유령 관광의 명소가 되었다. 이곳은 피비린내 나는 역사(교도소, 고문실, 처형장 등)가 새겨져 있으며, 도심에 위치해 있기도 하다. 게다가 건축물의 석재나 막대기 등이 너무 오래되어 불안해 보이기까지 하다. 탑 주변은 대체로 평평해 걷기에도 편하다. 이곳은 유령 이야기에 안성맞춤인 소재를 제공하는 훌륭한 공간이다.

'유령 관광'의 미래의 모습은 이탈리아 베네치아 인근의 작은 섬 포베글리아Poveglia에서 볼 수 있을 듯하다. 이 섬은 '세계에서 가장 유령이 많이 출몰하는 섬'으로도 불린다. 포베글리아는 완벽한 역사를 가지고 있다. 20세기 이전에, 7헥타르(17에이커) 크기의 섬은 전염병 감염자를 위한 검역소와 야만인의 침략에 대비한 피난처 역할을 했다.

1922년 기존의 건물들(어떤 건물은 12세기에 지어짐)이 정신병원으로 개조되었고, 이 병원의 원장이 수많은 입원 환자를 대상으로 잔인한 실험을 진행했다는 소문이 나돌았다. 전설에 따르면, 원장은 유령에게 쫓겨 탑에서 스스로 목숨을 끊었다고 한다. 그리고 1936년 이 병원은 문을 닫았다.[42]

2009년 텔레비전 시리즈인 〈고스트 어드벤처Ghost Adventures〉에 나오면서 포베글리아는 유령 출몰지로서 명성이 점차 높아졌다. 여기서는 어린 전염병 환자인 '리틀 마리아'뿐만 아니라 사악한 원장과 그의 실험에 희생된 수많은 사람이 유령으로 출몰한다고 한다.

이 섬은 출입이 '금지된' 상태라는 점이 신비로운 매력을 더한다. 일반적인 여행객들은 들어갈 수 없고, 공식적인 채널을 통해서나 비밀리에 배를 빌려 타고 들어갈 수 있다고 한다. 2014년에 현금이 부족했던 이탈리아 정부는 그 섬을 경매에 부쳤고, 한 이탈리아 사업가에게 단 돈 51만 3,000유로(한화로 약 7억 2,000만 원-역자 주)에 팔아넘겼다. 하지만 정부는 매각한 지 한 달 뒤에야 낙찰가가 너무 낮다고 판단했다. 섬을 사들인 사업가는 호화 리조트를 건립할 계획이었다. 지역 환경보호 단체는 정부에 그 섬을 관리할 수 있도록 청원했다.[43] 그 섬의 운명이 어떻게 되든, 포베글리아가 가진 유령의 역사는 앞으로 어떻게든 활용될 것으로 보인다.

뉴올리언스는 로열 스트리트 1140번지에 있는 아름다운 3층 건물 라로리LaLaurie 맨션이 지대한 관심을 받으면서 '미국에서 가장 유령이 많이 출몰하는 도시'로 알려졌다. 영화배우 니콜라스 케이지가 한때 단기간 이 건물을 소유하기도 했다.

케이지는 어린 시절 디즈니랜드의 '헌티드 맨션'에 자주 놀러 갔었는데, 라로리의 집을 구매해 '실제 유령의 집'을 가질 수 있는 기회를 얻었다고 말했다. 이 우아한 건물은 유령 관광을 하는 사람들은 꼭 봐야 할 모든 것을 갖추고 있었다. 실제로 수많은 유령 관광에서 필수적으로 거쳐 가야 하는 코스가 되었다.[44]

이 건물은 1831년 델핀 라로리Delphine LaLaurie 부인과 그의 남편 루이스 라로리 박사가 구매했다. 1833년에는 라로리 부인 때문에 어린 노예 소녀가 죽었다는 소문이 떠오르기 시작했다.

1834년 4월 이 집에 화재가 발생했을 때 소방관들은 끔찍한 장면을 목격했다. 다락방에 쇠사슬에 묶인 노예들이 있었는데, 대다수가 라로리 박사의 외과 수술 실험 대상이 된 듯 시신들이 심하게 훼손되어 있었다.

화가 난 폭도들이 이 집을 습격했다. 라로리 부부는 달아났지만 그들의 손에 고통스럽게 죽은 영혼들은 그러지 않았다. 이후 오랫동안 이 건물은 학교나 연립식 아파트로 사용되었는데 유령을 목격하는 사람들이 끊임없이 나왔다. 물론 지난 수십 년 동안 니콜라스 케이지를 포함해 소유주들이 유령을 봤다는 이야기는

뉴올리언스에 위치한 라로리 맨션, 1920년경

안 했지만, 이 건물은 여전히 관광객들의 큰 인기를 얻고 있다.

'유령 산책Ghost Walk'도 영국과 미국에서 큰 산업이 되었다. 유령 산책이란 초자연적인 경험을 하고 싶어 하는 사람들에게 유령이 출몰하는 장소를 직접 지나가거나 근처에서 야간 산책을 할

요크의 오리지널 고스트 워크에 참여하는 관광객들

수 있도록 기회를 제공하는 것이다. 요크의 오리지널 고스트 워크The Original Ghost Walk of York는 '세계 최초의 유령 산책'이자(웹사이트에는 1973년 이전부터 시작되어 있다고 적혀 있다), 전 세계적으로 가장 대표적인 유령 산책이라고 주장하고 있다.[45] 5파운드만 내

면 밤에 몇 시간 동안 검은 옷을 입은 가이드가 사람들을 피비린내 나는 클리포드 타워뿐 아니라 유령이 출몰하는 감옥과 여러 교회로 데려간다.

로스앤젤레스처럼 비교적 날씨가 화창한 현대 도시들에서도 이제는 유령 관광(로스앤젤레스는 도시의 크기를 감안해 걷기보다는 자동차로 이동하는 편이다)이 인기를 얻고 있다. 캘리포니아 남부에는 역사적으로 잔인한 사건에서 비롯된 몇 가지 유령 이야기가 있다. 특히 로스앤젤레스의 그린피스 공원에서는 페트라닐라 드 펠리즈의 유령이 나타난다고 한다. 그는 나이 많은 독신 삼촌에게 땅을 물려받기로 한 스페인 혈통의 캘리포니아 사람이었다.

전설에 따르면 두 변호사로부터 그 지역을 떠나도록 조종당했다고 한다. 그런데 로스앤젤레스와 관련된 사람들은 대부분 할리우드나 영화 산업과 관계가 있다. 예를 들어, '헌티드 할리우드 Haunted Hollywood' 버스 투어는 마릴린 먼로의 유령이 출몰한다고 알려진 할리우드 대로에 있는 루스벨트 호텔로 관광객을 안내한다.

〈유령 사냥꾼들 Ghost Hunters〉(2004~)과 같은 리얼리티 텔레비전 쇼가 등장하면서 21세기에 유령 관광은 크게 발전했다. 유령 산책과 유령 관광은 추가 비용을 들여 초자연적인 현상을 연구하는 활동까지 확장되었다. '미국에서 유령이 가장 많이 출몰하는 장소'로 알려진, 콜로라도주 에스티스 파크에 있는 스탠리 호텔의 경우는 유령 관광이 이 오래된 건물을 구해냈다고 말할 수

캘리포니아 남부에 있는 그리피스 공원

있다. 스탠리 스티머Stanley Steamer 자동차의 공동 발명가이기도 한 F. O. 스탠리가 1909년에 지은 이 호텔은 원래 요양 리조트로 운영하려고 했다가(스탠리는 결핵으로 고생했음), 결국 일반 리조트로 운영했다.

로키산맥의 고지대에 위치해 있었기 때문에 특히 겨울에 접근하기가 어려웠고 해가 거듭할수록 수익을 내지 못했다. 1973년 여행 중인 한 소설가와 그의 아내는 어느 겨울밤에 이 호텔을 우연히 발견하고는 217번 방에 체크인 했다. 거기서 소설가는 말로 설명할 수 없는 여러 가지 이상한 현상을 발견했다. 이 소설가가 바로 스티븐 킹이다.

스탠리 호텔을 방문한 그는 여기서 영감을 얻어 그 유명한 유령 이야기인 『샤이닝Shining』(1977)을 쓰게 되었다. 영화 촬영 장소로 유명해지고(1994년 개봉된 영화 〈덤 앤 더머〉와 텔레비전 미니시리즈 〈샤이닝〉이 이곳에서 촬영되었다) '유령들을 위한 디즈니랜드'로 명성을 얻으면서 스탠리 호텔은 1996년부터 본격적으로 수익을 내기 시작했다. 이제 이 호텔은 널리 호평을 받는 다양한 유령 관광을 자랑한다. 관광객들은 유령 관광을 통해 연주회장 위층 발코니에 있는 F. O. 스탠리의 아내 플로라의 유령을 만날 수도 있고, 같은 연주회장 지하실에서 불법 거주한 루시라는 노숙자의 유령도 만날 수 있다.

스탠리 호텔이 왜 수많은 유령의 소굴이 되었는지 질문을 받으면, 호텔 가이드는 석영으로 만든 침대에 대한 추측을 대답으로 내놓는다(석영에서 나오는 독특한 에너지를 유령이 사용할 수 있다고 한다).

1960년대에 유령의 역사에서 또 다른 기념비적인 사건이 벌어졌는데, 최초로 대학에서 초자연적인 현상을 진지하게 연구하기

'유령들을 위한 디즈니랜드'로 불리고 소설 『샤이닝』의 탄생지이기도 한 콜로라도주의 스탠리 호텔

시작한 것이다. 1967년 로스앤젤레스의 캘리포니아대학교UCLA는 임상심리학자인 테라 모스Thelma Moss 박사가 주관하는 초심리학 연구소를 열었다. 연구소가 운영되는 11년 동안 유령과 폴터가이스트에 관한 수백 건의 보고서를 조사했는데, 두 가지 사건이 특히 눈에 띄었다. 첫 번째는 컬버 시티에 사는 주부 도리스 비터Doris Bither가 겪은 폴터가이스트였다.

모스가 자신의 동료인 켈리 게이너, 배리 타프 박사와 함께 조사차 비터의 집에 방문하자 그녀는 놀라운 이야기를 들려주었다. 단순히 그릇이 날아다니고 톡톡 두드리는 소리만 난 것이 아니라 강간을 당했다고 말했다. 자신을 괴롭히는 존재를 피하기 위해 이사를 갔지만 새집에서도 여전히 공격이 이어졌다고 한다. UCLA팀은 결국 비터와 연락이 끊겼지만, 나중에 그녀의 고통스러운 과거를 알게 되었다. 가족 관계가 힘들었고, 교령회와 위자 Ouija 보드를 통해, 타프의 표현에 따르면 일종의 '폴터가이스트 대리인'처럼 되어버렸다. 비터의 이야기는 작가 프랭크 드 펠리나의 소설 『디 엔터티 The Entity』(1978)로 각색되었고, 1982년에는 바바라 허시가 주연을 맡은 영화로도 만들어졌다.

UCLA 초심리학 연구소가 연구한 가장 극적인 사례는 아마도 할리우드 힐스의 홀리 몬트 드라이브에 있는 유령의 집일 것이다. 1976년 어느 날 타프가 연구실에서 일을 하고 있는데 어떤 젊은 남자가 뛰어 들어오더니 방금 홀리 몬트 집에서 파티를 열다가 일련의 초자연적인 현상을 목격했다고 말했다. 다음 날 밤 타프와 동료 한 명은 그 집에 방문해 책이 날아다니는 것을 목격하고 불규칙적인 초인종 소리를 들었다. 심지어 타프가 배고프다는 말을 하자 타프의 발에 바나나가 나타났다.

타프는 잠시 동안 그 집에 머물 기회가 있었는데, 이때 수없이 많은 초자연적인 현상을 목격했다. 나중에 한 이웃이 자신이 집에서 홀리 몬트 집까지 지하로 연결된 작은 터널을 발견했는데, 아마도 금주 기간에 술을 옮기는 데 사용된 것 같다고 말했다. 터널에서 이웃은 1922년이라는 날짜와 레지나라는 사람 이름이 새겨진 묘비를 발견했다. 비록 1978년 초심리학 연구소는 문을 닫았지만, 타프는 21세기에 들어서도 이 집을 연구했고 정말로 유령이 출몰하는 집이라는 결론을 내렸다.

1970년대에는 UCLA 초심리학 연구소가 유령 현상(이와 함께 초감각적 지각이나 키를리안 사진과 같은 다른 초자연적인 현상도 연구함)을 연구하는 동안, 캐나다의 한 그룹은 매우 다양한 실험을 진행했다. 1972년 토론토의 수학자인 A. R. G. 오웬과 심리학자 조엘 휘튼 박사는 유령을 만드는 작업에 착수했다. 그들은 먼저 필립 아일스포드라는 가상의 인물을 창조했다. 17세기 영국에서 살아온 삶과 자살 등 그의 인생사도 만들어냈고, 필립과의 접촉을 시도할 사람들도 모았다. 처음에는 이러한 시도가 실패했지만, 좀 더 전통적인 '교령회'와 비슷한 환경이 만들어지자(어둑어둑하고 기온이 낮아지자), 사람들은 톡톡 두드리는 소리를 듣기 시작했다. 심지어 탁자가 저절로 공중에 뜨는 장면도 촬영했다.

토론토 그룹은 아일스포드를 불러내는 것을 즐기는 것처럼 보인 반면(동영상에서 사람들은 아일스포드가 응답한다고 생각하고는 신나서 노래를 부른다), 1975년 일어난 유령 출몰 사건은 즐겁기보다는 논란이 많았을 뿐 아니라, 20세기에 가장 유명한 유령 사건이기도 했다.

1975년 12월 18일 조지 러츠와 캐시 러츠 부부는 어린 세 자녀와 함께 뉴욕주 아미티빌에 있는 크고 우아한 3층짜리 집으로 이사했다. 러츠 부부가 이 집을 소개받았을 때 여기서 끔찍한 범죄가 일어났다는 이야기도 함께 들었다. 그로부터 1년 전에 24살인 로널드 데페오가 자신의 가족 여섯 명을 살해했다. 그럼에도 러츠 부부는 이 집의 저렴한 가격(단돈 8만 달러)과 넓은 크기에만 관심을 두었고 곧장 집을 계약했다. 러츠 가족은 이 집에서 딱 28일을 지내고 아무것도 챙기지 못한 채 도망치다시피 나와버렸다.

4주 동안 그들은 악령의 출몰을 목격하며 고통을 겪었다. 벽에 십자가가 거꾸로 매달려 있었고 한겨울인데도 집 안에 파리 떼가 나타났다. 지하 계단 밑에 숨어 있는 '붉은 방'은 동물 희생제의 악몽을 떠오르게 했다. 이 집에 방문한 프랭크 만쿠소 신부는 빈 방에서 "당장 나가!"라는 굵고 낮은 목소리를 들었다고 한다.

러츠 부부는 데페오의 변호사가 이 집에 있는 유령에 홀려 살인을 저지른 것이라고 주장하려 한다는 사실을 알게 되었다. 실제로 조지 러츠는 행진하는 악단 소리를 환청으로 들었고 아내도 쭈글쭈글한 할머니처럼 변하기 시작했다. 러츠 가족이 집을 떠난 뒤에 한 무리의 심령술사들이 이곳에서 교령회를 열었다. 신통력 있는 로레인 워런은 이 집에 있는 존재는 '원소의 정령 elemental spirit'이라고 주장했다.

"내 생각에는 이 집에 있는 것이 무엇이든 분명히 부정적인 성질을 가지고 있다. 한때 인간의 형태로 땅 위를 걸어 다닌 적이 없는 존재다. 그것은 바로 땅의 내부에서 나온 것이다."[46]

제이 앤슨이라는 다큐멘터리 작가가 러츠 가족이 겪은 일을 쓴 『아미티빌 호러The Amityville Horror』는 베스트셀러가 되었다. 1979년 제임스 브롤린과 마곳 키더가 주연한 영화 버전에서는 벽에서 피가 흐르고 파리가 신부를 공격하는 장면 등을 추가해 스토리를 더욱 선정적으로 표현했다.

'아미티빌 호러'가 영화와 책으로 만들어지고 2005년에 또 한 번 리메이크도 되었지만, 결국 이 사건은 조지 러츠(돈을 목적으로)와 데페오의 변호사인 윌리엄 웨버(의뢰인을 위한 새로운 변론을 찾기 위해)가 꾸며낸 사기였다는 사실이 밝혀졌다.

1995년 웨버는 "우리는 술자리에서 이 무서운 이야기를 만들어냈다"라고 AP통신에서 말했다.[47] 나중에 이 집의 거주자들은 책에 언급된 내용들 대다수가 사실이 아님을 확인했고, 사악한 파리 떼가 아니라 수많은 구경꾼을 만들어 사생활을 파괴한 혐의로 앤슨과 러츠 부부, 출판사를 고소했다. 영화 〈아미티빌 호러〉의 화려한 액션은 10년 후에 나오는 영화들에 비하면 아무것도 아니었다. 향상된 특수 효과, 빠른 속도, 하이 콘셉트를 특징으로 하는 〈폴터가이스트Poltergeist〉(1982), 〈고스트버스터즈Ghostbusters〉(1984)와 같은 영화는 그저 안개만 뿌옇게 낀 것에 벗어나,

불멸의 존재가 아이를 납치하고, 집을 부수고, 다른 차원으로 가는 문을 열고, 마침내는 뉴욕 거리를 활보하는 거대한 마시멜로맨으로 변신한다. 이로 인해 영화관 밖에서도 대중이 유령의

영화 〈아미티빌 호러〉(1979)에 등장하는 집

이미지를 상상하는 방식이 바뀌었다. 이제 아무도 강력한 유령의 출몰을 경험할 수 없게 되었다.

지난 수십 년 동안, 초자연적인 현상에 대한 믿음이 높아지면서 유령을 여러 범죄를 해결하는 데 참여시키기도 했다. 1897년에 일어난 유명한 그린브리어 유령 사건이 미국인들을 매료시켰다. 갓 결혼한 엘바 조나 히스터 슈라는 여자가 웨스트버지니아주 그린브리어 카운티에 있는 통나무 오두막집에서 숨진 채로 발견되었다.

경찰은 출산에 의한 죽음이라고 이유를 대며 더 이상 조사를 하지 않았다. 하지만 엘바의 어머니 메리 제인은 이에 납득할 수 없었다. 그 이유 중 하나는 엘바는 임신을 하지 않았고, 또 하나는 메리 제인은 새 남편인 에드워드를 좋아하지 않았다.

메리 제인은 진실을 알려달라고 딸에게 기도했고, 그 후 나흘 연속으로 엘바의 영혼이 엄마를 찾아와 진실을 알려주었다. 엘바는 어떻게 에드워드가 자신의 목을 부러뜨려 죽였는지 자세히 설명했다. 메리 제인은 이 정보를 가지고 경찰을 찾아가 부검을 요청했고, 유령이 말한 내용이 사실임을 확인했다. 그린비어 묘지 안내문에는 그린브리어 유령 사건을 "유령의 증언이 살인자에게 유죄를 선고하는 데 도움이 된 유일하게 알려진 사건"으로 기록하고 있다.[48]

1978년 시카고 에지워터 병원에서 일하던 호흡요법사呼吸療法士인 테레시타 바사Teresita Basa가 자택에서 살해된 채로 발견되었다. 필리핀 태생인 그녀는 1960년대에 미국 시카고로 건너왔다. 이 살인 사건 수사는 담당 형사들이 에반스톤 근처에 있는 경찰의 전화를 받기 전까지는 지지부진했다. 형사들은 에반스토의 교외에 살던 필리핀 출신 추아Chua 부부에게 연락했다.

노부부는 이 살인 사건에 대한 정보를 가지고 있었다. 그렇다면 그 정보는 어디서 나왔을까? 어느 날 밤 테레시타의 유령이 추아 부인에게 나타나 부인의 입을 통해 또 다른 병원 직원인 앨런 샤워리를 살인자로 지목했다. 심문을 받은 샤워리는 결국 강도 행각을 벌이다가 살인을 저질렀다고 자백했다.[49]

1994년 런던에서 시행된 살인 재판에서는 유령이 별 도움이 되지 않았다. 스티븐 영이라는 남자가 해리 풀러와 니콜라 풀러 신혼부부를 살해한 혐의로 유죄 판결을 받았다. 하지만 배심원 네 명이 편지와 거꾸로 뒤집은 와인 잔을 가지고 위자 보드를 만들고 해리의 유령을 불러내는 데 사용했다는 사실을 알고 나서는 판사가 이 판결을 뒤집었다. 유령은 스티븐 영이 살인자라고 지목했다. 그럼에도 영의 변호사는 교령회의 기술을 이용한 것은 "배심원들이 평결을 할 때 재판에서 제시된 사실들만 고수하지는 않았다는 사실을 보여준다"라고 성공적으로 주장했다.[50]

21세기에는 유령 사냥 리얼리티 쇼가 급증하면서 우리 모두가 유령을 믿게 되었고(적어도 텔레비전을 볼 때만큼은 그렇다), 그 믿음은 점점 강해지고 있다. 2009년에 실시한 어느 여론조사에서 미국인의 65퍼센트가 초자연적인 경험을 했다고 믿었고, 29퍼센트가 죽은 사람의 존재를 느껴봤으며, 18퍼센트가 유령을 보았다고 말했다. 마지막 수치는 1996년 이래 두 배로 증가했다는 사실이 특히 주목할 만하다.[51] 유령은 앞으로도 영원히 사라질 위험은 없을 것 같다.

4

걸신

: 동양의 유령

"영혼은 숭배하되 가까이 하지 말라."
_ 공자의 격언

　서양의 유령은 버려진 건물에서 느끼는 '불편함'이나 잘못된 것을 바로잡으려는 '열망'과 관련 있다면, 지구 반대편에 있는 동양의 유령은 사람들과 어떤 관계가 있는지 궁금해진다. 주요 종교가 환생이나 조상 숭배를 포함하는 동양 문화에서는 서양과는 전혀 다른 이유로 유령이 출몰하는지, 그리고 유령이 예술 작품에서 인기가 있는 만큼이나 무서운 존재로 받아들여지는지 살펴보도록 하자.
　유령을 가리키는 중국의 한자 '귀鬼'는 사람이 가면을 쓰고 있는 모습을 나타내는 초기 표의문자에서 비롯되었다. 중국 전통 문화에서 귀신 가면은 송곳니와 툭 튀어나온 눈을 가진 무시무시한 모습이다. 가면을 쓴다는 것은 무언가 변장하거나 가리는 행위다. '귀'라는 단어는 전설 속 괴물이나 존재를 가리키는 여러 이름의 뿌리가 되고, 중국 문화 전반에서 귀신의 존재가 얼마나

중요한지 잘 보여준다.

한자에서는 같은 단어라도 어조의 변화에 따라 다양한 의미를 지닐 수 있다. 그리고 동음이의어인 '귀歸'는 '돌아오다'라는 동사이다. 중국에서 사람은 두 가지 종류의 영혼을 갖고 있다고 믿는다. 하나는 '정신적인 영혼'으로 사람이 죽으면 천상으로 올라간다. 또 하나는 '육체적인 영혼'으로 사람이 죽으면 지상에 남아 유령이 된다(전자와 후자를 '영'과 '혼'이라는 단어로 구분하기도 한다-역자 주).

인류학자인 프랜시스 슈Francis Hsu는 "조상의 그늘 아래 산다는 것은 인간의 세계와 영혼의 세계를 연결하는 핵심"이라고 말했다.[1]

동양의 귀신을 살펴보려면, 먼저 중국의 3대 종교 중 하나인 도교에서 출발해야 한다(다른 두 종교는 불교와 유교다). 도교는 일반적으로 기원전 6세기에 지은 노자의 『도덕경』에서 시작되지만, 초기 민간 신앙의 일부인 무속을 포함해 여러 관습을 통합시킨다. 무당은 보통 장례를 제대로 치르지 못하거나 후손에게 존경을 받지 못한 영혼과 소통하고 연결하는 일을 한다. 초기 무속에 관한 어느 고전적인 이야기에서, 기원전 655년 진나라의 왕자 신성은 불행히도 아버지에게 살해당했다. 이로부터 5년 뒤에 벌어진 권력 다툼에서 신성의 형제가 왕위를 주장했는데, 그러면서 처음으로 한 일이 신성의 시신을 파내고 아무런 의례 절차 없이 다시 매장하는 것이었다.

'겐지의 연인 유령', 무라사키 시키부(紫式部)의 겐지 이야기에 실린 19세기 삽화, 츠키오카 요시토시 그림

신성의 귀신이 옛 신하에게 나타나, 형제의 무례함에 대한 벌로 신께서 서쪽의 다른 나라가 진나라 전체를 점령하게 만들 것이라고 경고했다. 신하가 이런 형벌은 무고한 진나라 백성들에게는 억울한 일이라고 말하자, 귀신도 동의하고 신하에게 7일 안에 어느 무당을 찾아보라고 지시했다. 그동안 그 귀신도 신께 돌아가 이 일을 상의했다. 7일 안에 신하는 그 무당을 만났고, 신성의 유령은 무당을 통해 신의 형벌은 자신의 형제에게만 내려질 것이라고 말해주었다.

기원후 4세기 두 무녀巫女 자매의 이야기는 서양의 19세기 강신술 영매(주로 여성) 이야기와 유사하다. 무녀 자매는 외모가 아름다웠고 입에서 불을 내뿜는 등 다양한 기교를 뽐내며 귀신과의 대화를 선보였다.[2]

초기 중국인이 모두 귀신의 존재를 믿었던 것은 아니다. 루안 잔(281~310)은 귀신의 존재를 의심하는 회의론자였는데, 이런 회의론은 1,500년 이후에도 여전히 제기되었다.

하지만 귀신과 무당에 대한 믿음은 사방으로 퍼져 황제에게까지 미쳤으며, 황제도 궁 안에 방사方士라는 일종의 무당을 두었다. 방사는 귀신과 소통하거나 귀신을 내쫓는 기술을 가지고 있었다. 기원후 1세기 무제의 기록을 보면, 최근에 죽은 애첩의 영혼을 불러오는 방사의 이야기가 언급된다.

"밤이 되자 그는 촛불을 켜고 장막을 드리웠다. 고기와 술도 놓았다. 황제는 별도로 준비된 장막에 앉혔다. 황제는 멀리서 휘장 뒤에 앉아 있는, 죽은 애첩과 닮은 여성의 형상을 보았다."[3]

'영혼'을 만들기 위해 어두운 그림자와 분위기를 이용하는 19세기 영국의 영매들과 매우 유사하다는 점을 눈여겨보라.

현대 중국에서는 도교의 사제들도 동일한 능력을 소유하고 있다고 여겨진다. 사제들은 죄인이 환생하기 전에 견뎌야 할 고통으로 줄여주고자 죽은 영혼이 지옥의 재판관에게 제시하는 문서를 준비해줌으로써 망자의 저승 여행을 도울 수 있다. 중국인들은 일명 '유령 돈(액면가가 큰 가짜 지폐)'을 태우기도 한다. 저승에 있는 영혼이 이 돈을 받고 좀 더 형편이 나아지거나 평안해지는 데 쓰라는 것이다.

중국의 주요 종교는 모두 음력 7월 15일이 되면 '걸신 축제'를 기념한다. 이달에 저승의 문이 열리고 죽은 영혼들이 가족들과 만나려고 이승으로 돌아온다고 믿는다. 가족이 없는 영혼들은 악심惡心을 품을 수 있으므로 따로 음식을 마련해준다. 한편 이런 영혼들을 쫓아내는 데 연기煙氣가 도움이 되기도 한다. 축제 마지막에는 영혼들이 다시 저승으로 잘 돌아가기를 기원한다.

서양의 핼러윈 축제처럼 걸신 축제도 중국의 달력에서 매우 중요한 날에 속한다. 이날은 수확과 계절의 변화를 알리는 역할도 한다. 저승의 문이 열려 영혼들이 집으로 돌아오는 것을 축하하는 이 축제는 약 2,000년 동안 전승되었고, 그러면서 수많은 설화와 시, 노래에 영감을 주었다. 그중 유명한 것은 '목련구모目連救母'라는 설화다.

목련은 초자연적인 능력을 능숙히 다루는 불교 승려였는데, 부모님이 저승에서 어떻게 지내는지 알아보기로 마음먹었다. 아버지는 천당에서 행복하게 지내고 있는 것을 확인했지만, 어머니는 오랫동안 찾아 헤맨 끝에 불행히도 지옥 깊은 곳에 있다는 사실을 알게 되었다. 거기서 어머니는 49개의 못에 박혀 꼼짝도 못하고 있었다. 부처가 개입해 지옥에 갇힌 영혼들은 풀어주지만, 목련의 어머니는 걸신으로 다시 태어난다. 음식이 입에 다가가기만 하면 불타 없어지기 때문에 결코 배를 채울 수 없다. 부처는 다시 나타나 목련에게 음력 7월 15일에 어머니를 위해 음식을 준비하는 방법을 가르쳐준다. 목련이 부처의 가르침대로 하자 어머니의 영혼은 마침내 천당으로 올라간다.

목련과 관련된 다른 설화에서는 그가 이 기괴한 걸신들을 볼 수 있는 능력이 있다고 이야기한다. 걸신은 생전에 악행을 저질러 환생하거나 천국으로 가지 못하고 이승을 떠도는 형벌을 받은 존재다. 다음 글을 보면 걸신을 볼 수 있는 목련의 능력을 부러워할 사람은 아무도 없을 것이다.

> 걸신은 무시무시한 괴물이다. (…) 털은 뻣뻣하고 길며 팔과 다리는 해골같이 앙상하다. 입은 바늘구멍처럼 작기 때문에 결코 불룩한 배를 먹을 것으로 채울 수 없다. 그래서 항상 미칠 듯한 굶주림으로 괴로워한다. 그들의 몸은 푸른색이나 검정색, 노란색을 띠는데, 오물과 먼지를 뒤집어쓰고 있어 더 흉측스러워 보인다. 또한 이 괴물은 채워

지지 않은 목마름 때문에 영원히 괴로워한다. 10만 년에 한 번 물이라는 말을 듣는데, 물을 발견한다 해도 즉시 오줌과 진흙으로 변해버린다. 어떤 걸신은 불을 게걸스럽게 먹고 시신의 살을 찢고, 자신의 팔다리에서 살을 찢는다. 하지만 입이 너무 작기 때문에 그것들을 삼킬 수는 없다.[4]

목련과 관련된 수많은 걸신 이야기에는 목련이 부처를 찾아가 걸신이 전생에 무엇이었는지 묻는 장면이 나온다. 부처는 대체로 승려를 대접하겠다던 부유한 지주의 아내(또는 하인)라고 대답한다. 하지만 남편이 떠나면 아내는 승려를 속이거나 잔인하게

저승에서 조상들이 사용할 수 있도록 유령 돈을 태운다.

대했다.

목련에 관한 또 다른 이야기에서는 걸신 축제의 기원을 설명한다. 하루는 어느 승려에게 500명의 걸신이 나타나 자신들의 가족이 음식을 준비하게 해달라고 애원한다. 목련은 가족들에게 잔치를 준비하라고 말하지만 걸신들을 다시 찾지 못한다. 당황한 목련이 부처를 찾아가니 부처는 걸신들이 "업보의 바람에 실려 날아가버렸다"라고 말한다. 부처는 걸신들을 잔치에 데려오는 것에 동의하고 이 잔치를 통해 그들의 죄가 사라질 것이라고 말한다. 걸신들은 천국에서 다시 태어나지만 부처와 목련에게 영광을 돌리기 위해 다시 땅으로 내려온다.[5]

중국 설화에서 귀신을 다루는 인물로 목련만 있었던 것은 아니다. 당나라 시대에는 종규鍾馗라는 악귀를 쫓아내는 신이 등장한다. 종규는 원래 당나라 과거 시험에서 우수한 성적을 거둔 의사였다. 그는 악귀로부터 현종을 구하려 했지만 황제는 종규가 추하게 생겼다면서 그의 도움을 받으려 하지 않았다. 분노와 수치심을 느낀 종규는 황궁 계단에 몸을 던져 죽고 말았다.

황제는 곧 자신의 과오를 후회하며 최고의 예우를 갖춰 종규의 장례를 치러주었다. 이에 감사한 마음을 가진 종규는 악귀를 쫓아내는 신의 모습으로 다시 돌아왔다. 중국 가정집에서는 특히 새해에 귀신을 쫓기 위해 붉은 피부에 덥수룩한 수염을 가진 험상궂은 종규의 그림을 걸어둔다. 종규는 중국의 전통 연극인 경극京劇에서 사랑받는 캐릭터이며, 일본 문화에서도 '쇼키'라는

악귀를 쫓아내는 쇼키(중국에서는 종규)는 중국 학자의 의복을 입는다. 한 손에는 칼을 들고 다른 손에는 악귀를 붙잡고 있다.

이름으로 등장한다.

오늘날 중국 일부 지역이나 대만에서는 7월 한 달 전체를 '걸신의 달'로 기념하면서 향을 피우고 음식을 준비한다. 또 축제 기간에는 대나무로 만든 가설무대에서 신들을 경배하는 공연극도 자주 열린다. 그래서 관광객들도 관심을 갖고 찾아온다. 한 홍콩 관광 웹사이트에서는 이렇게 소개한다.

"방문객들은 길가에서 불을 피우고 조상을 위해 가짜 지폐와 재물들을 불태우는 모습을 보면서 이 도시의 생활 문화를 생생하게 느낄 수 있는 완벽한 기회가 될 것입니다."[6]

중국은 늘 지괴志怪(기괴한 이야기)라는 훌륭한 문학 전통을 가지고 있었다. 그중 작가 포송령蒲松齡의 『요재지이』聊齋志異(포송령이 죽고 반세기 후인 1776년에 출간됨)가 가장 유명하다. 어떤 역사가들은 포송령이 번화가에 노점을 차리고 행인들에게 무료로 차를 제공하는 대신 특이한 이야기를 듣고서 영감을 얻었다고 말한다. 그래서 이렇게 모인 이야기들이 대표적인 민속 문학으로 여겨질 수 있다.[7]

포송령이 수집한 이야기에는 여우 귀신(중국 설화에서 흔히 등장함), 신, 작은 도깨비, 도플갱어, 도교 사제의 주문呪文, 귀신이 대거 등장한다. 이 책의 첫 번째 이야기인 「성황신 임용고시」는 중국과 유럽의 유령을 바라보는 근본적인 차이점을 보여준다. 이제 막 세상을 하직한 '성 씨'는 성황신 임용고시를 보라는 부름을 받았고 이 시험에서 높은 점수로 합격한다. 다른 마을의 성황신(마을을 지키는 수호신)으로 임명되었다는 소식을 들은 성 씨는 그 직위를 수락하기 전에 먼저 70세 노모를 모실 수 있게 해달라고 요청한다.

높은 신들이 '운명의 책'을 살펴보니 성 씨의 어머니는 앞으로 9년을 더 살 것이라고 나와 있었다. 결국 성 씨는 어머니를 모실 수 있도록 풀려난다. 그는 관에서 깨어나자 어머니는 떨 듯이 기뻐하며 그가 죽은 지 벌써 사흘째 되었다고 말해준다.

성 씨는 어머니가 생을 다할 때까지 보살피다가 그도 마지막 숨을 거둔다. 조금 떨어진 곳에서 살던 아내는 갑자기 그가 자기 앞에 나타나자 머리 숙여 인사하고는 그 길로 떠난다. 그녀는 나중에 남편이 이미 죽었다는 사실을 알게 된다. 『요재지이』에 실린 또 다른 이야기인 「여우네 결혼식」은 세계 어느 곳에 있는 독자라도 단번에 알아볼 수 있는 비유를 제공한다. 한 젊은 남자가 귀신이 나오는 집에서 하룻밤을 보내는 도전에 응한다. 여기서 무서운 귀신을 만나는 것이 아니라, 결혼식을 올리는 행복한 여우 귀신 가족을 만나게 된다.

한편, 「심판관 루」 이야기는 놀랍고도 섬뜩한 귀신의 세계를 묘사한다. 주인공 '추'는 용감하고 강인하지만 똑똑하지는 않은 청년이다. 어느 날 밤 그는 술 취한 친구들의 도전을 받아들이고 마을 사원에 몰래 들어가 연옥의 심판관 루의 목각상을 훔친다. 놀란 친구들은 목각상을 얼른 제자리에 두고 오라고 하지만, 그는 그 전에 심판관에게 자기와 술 한잔하자고 초대한다. 다음 날 밤 심판관이 '추'의 집에 나타나자, '추'는 두려워 떨었지만 이내 심판관이 자신의 초대에 응한 것임을 깨닫는다.

심판관은 좋은 글을 좋아하고 '추'가 글을 잘 못 쓴다는 것을 알았지만 그래도 둘은 좋은 친구가 된다. 어느 날 밤 '추'는 가슴이 아파 잠에서 깨는데, 심판관이 옆에서 그의 흉부를 절개하고 있었다. 심판관은 놀란 '추'에게 글을 더 잘 쓸 수 있도록 새로운 심장을 주고 있다고 말해준다. 그러자 이번에는 '추'가 심판관 루에게 못생긴 자기 아내를 더 예쁘게 만들어줄 수 있냐고 묻는다. 얼마 지나지 않아 심판관은 잘라낸 예쁜 소녀의 머리를 들고 나타난다. 그러더니 추의 아내 머리를 자르고 소녀의 머리로 바꾼다. 몇 년이 지나고 심판관은 '추'에게 나타나 그가 5일 후에 죽을 것이라고 알려준다. '추'가 시간을 더 달라고 하자 심판관 루는 이렇게 말한다.

"지혜로운 사람에게 삶과 죽음은 거의 차이가 없다. 그런데 왜 삶은 은혜로 여기고 죽음은 불행으로 여기느냐?"[8]

'추'는 결국 죽지만 아내와 아들을 돌보기 위해 다시 돌아온다. '추'와 심판관은 '추'의 집에서 계속 술을 마시는데, 어느덧 세월이 흘러 아들은 성인이 된다. 추는 이제 아내에게 영원한 작별 인사를 고한다. 아내가 울면서 어디를 가냐고 묻자, '추'는 이제 머나먼 지하 세계에서 일을 하게 되었다고 말한다.

『요재지이』는 지난 250년간 인기를 유지해왔고, 그동안 모방작이 나오고, 문학 작품으로서 연구되고, 영화로 각색되기도 했다. 2003년에는 새로 각색된 영화가 귀신을 다룬 소재 때문에 중국 정부에서 문제시했다. 많은 사람이 이 영화는 상영이 금지될 것이라고 예상했다. 하지만 이 이야기에 나오는 귀신을 불멸의 도사道士로 대체하면서 영리하게 상영 금지를 피했다.

중국 대다수의 국민이 오래전부터 귀신을 믿어왔고, 중국의 여러 도시에서는 유령 관광이 유행하고 있다. 예컨대, 베이징에서는 여행객들이 구이제(귀신 거리)를 거닐 수 있다. 지금 이 거리에는 멋진 식당들이 들어서 있는데, 예전에는 관을 팔던 가게들이 늘어서 있어 귀신들의 고향으로 여겨지고 있다. 또한 여행객들은 명나라의 충실한 지지자인 원 장군의 무덤도 방문할 수 있는데, 그는 억울하게 반역죄로 처형을 당했다. 너무 분노한 나머지 주민들은 그의 시신을 머리만 남기고 다 먹어버렸다고 한다. 다행히 머리는 충성스러운 군인이 구했다. 장군의 혼령은 지금도 그 지역을 떠돌고 있다.[9]

지구상에서 홍콩만큼 끔찍하고 기괴한 유령이 자주 출몰하는 곳도 없다. 홍콩은 이미 미신의 도시가 되었다. 많은 건물에는 4층이 없는데, 그것은 죽음을 의미하는 '사死'와 동음이의어이기 때문이다. 생활환경이 프리미엄급인 이 도시에서는 살인 사건이 일어난 아파트는 정상 가격의 절반 정도로 구입할 수 있다. 2014년에는 자연사가 아닌 죽음이 190개 가정에서 일어난 것으로 집계되었다.[10]

홍콩에서 귀신이 자주 출몰하는 일부 건물들은 일제 식민 시기와 제2차 세계대전 시기 일제의 잔학 행위와 관련이 있다. 귀신이 자주 보이는 곳으로 유명한 사이잉푼 단지는 1892년 유럽 간호사들의 숙소로 지어졌지만, 전쟁 기간에 일본인들이 사형 집행 장소로 바꿨고, 그 후로는 정신병원이 되었다. 2층에는 전통 복장을 한 귀신이 출몰하고 가끔 그것이 불길에 타오른다고 한다. 그런데 홍콩에서는 남고대南固臺만큼 악명 높은 곳도 없다. 이 장소는 "당국에서도 집계할 수 없을 정도로 너무 많은 자살, 강간, 살인이 벌어진 곳"으로 알려져 있다.[11] 사이잉푼과 마찬가지로 남고대의 역사도 일제 강점에 뿌리를 두고 있다.

이곳은 지역 여성들을 강간하고 고문하는 장소로 이용되었다.

건물에서는 이때 희생된 사람들의 머리 없는 귀신이 초록 연기를 풍기며 나타난다고 한다. 2003년에는 남고대에서 십대 청소년들이 도망치는 일이 있었는데, 이때 한 소녀가 귀신에 들려 입원 치료를 받아야 한다고 해서 이 집이 뉴스 헤드라인을 장식하기도 했다.

지금까지 살펴본 것처럼 귀신은 중국 문화의 여러 측면에 얽혀 있지만, 일본에서는 훨씬 더 중요한 부분을 차지하고 있다.

> 죽음은 일본 민담에서 흔한 주제일 뿐 아니라 사실상 일본 전통문화의 '중요한' 주제다. 거의 모든 축제, 모든 의례, 모든 관습은 산 자와 죽은 자의 관계, 현재 가족과 조상과의 관계, 현재 직업과 조상과의 관계와 어떤 식으로든 연관되어 있다.[12]

일본인은 불교 전통에 따라 영혼이 저승인 '아노요ぁのょ'을 건너는 데 49일이 걸린다고 믿는다. 이 기간에 귀신은 자신의 죄를 속죄하거나 복수를 할 수도 있다. 누군가가 죽고 49일째 되는 날에 사십구일재しじゅうくにち, 즉 마지막 장례 의식이 행해진다. 그 시점이 되면 귀신은 저승에서 열 번의 시련을 참아냈을 것이고, 최종 목적지(여섯 개의 다른 세계 중 하나가 선택됨)가 나타날 것이다.

사십구일재에 이르는 시간 동안, 귀신은 집 근처에 머물 것이고, (지금은 거의 하지 않지만) 가족들이 죽은 사람이 방황하지 않고 저세상으로 돌아가도록 그의 이름을 부르는 의식이 치러진다.

'온ぉん, 恩'이라는 개념, 즉 돈과 은혜의 빚을 갚는 의무는 고인을 위해 음식을 준비하고 경문經文을 읽는 유족과 새로운 귀신 모두에게 영향을 미친다. 이 땅에서 선한 삶을 살았던 귀신이라도 자신의 이름으로 경문을 읽지 않으면 지옥을 떨어질 위험이 있다.

일본인들은 걸신 축제를 '오본ぉぼん, 御盆' 또는 간단히 '본ぼん, 盆'이라는 이름으로 기념한다. 이 축제는 며칠 동안 거행되는데, 처음에는 마당이나 출입구에 등불이나 촛불을 켜두어 방황하는 영혼들이 집을 찾을 수 있게 돕는다. 영혼을 맞이하여 위로하는 '본오도리ぼんおどり, 盆踊り'라는 춤을 추기도 한다. 가족 제단 위에는 조상들의 위패와 제물들이 놓여 있다. '오본' 축제는 방문한 영혼들을 작은 등불에 실어 강물이나 밀물에 띄워 보내면서 끝을 맺는다.

일본에서 걸신은 '가키がき, 餓鬼'라고 부른다. 한편 일반적인 유령은 '유레이ゆうれい, 幽靈'라고 부른다. 본래 인간이 아닌 유령 '요카이ようかい, 妖怪'와 혼동하지 말자. 유레이의 종류는 매우 다양한데, 예컨대 바다에서 죽은 유령인 '푸나유레이ふなゆうれい, 船幽靈', 살아있는 아이들을 돌보기 위해 돌아온 어머니 유령인 '우부메うぶめ, 産女', 원한을 품은 유령인 '원령おんりょう, 怨靈' 등이 있다.

17세기에 일본은 중국만큼이나 많은 유령 이야기가 있었을 뿐 아니라, 유령 이야기를 활용한 게임도 즐겼다. '햐쿠모노가타리ひゃくものがたり'라는 이 게임은 참가자들이 차례로 자신이 알고 있는 유령 이야기를 하나씩 촛불을 꺼나간다. 100번 째 이야기

라프카디오 헌과 그의 아내

가 끝나면 유령이 찾아온다고 믿었기 때문에 용기가 없는 참가자는 100번 째 이야기가 나오기도 전에 자리를 뜨고 말았다.

이 시기에 나온 전형적인 유령 이야기에서는 '유키 온나'라고 하는 설녀雪女가 등장한다. 이 유령은 피부가 하얗고 흰 기모노를 입고 있는 여인으로 보통은 눈 덮인 풍경 속에 나타난다. 어떤 이야기에서는 유키 온나가 복수할 기회를 노리는 여자 유령으로 등장하고, 또 다른 이야기에서는 얼음에 뒤덮인 숲에서 희생자를 찾아 헤매는 흡혈귀로 등장한다.

라프카디오 헌Lafcadio Hearn(영국 출신 작가로 일본에 귀화했으며 일본 이름은 고이즈미 야쿠모-역자 주)이 녹음한 버전에서는, 어느 날 밤 유키 온나가 늙은 나무꾼의 피를 빨아먹는다. 그러고는 죽은 나무꾼의 아들에게 지금 본 것을 아무에게도 말하지 않는 이상 살아남을 것이라고 약속한다. 얼마 후, 아름다운 여인이 나무꾼의 아들에게 나타난다. 두 사람은 사랑에 빠져 결혼하고 아이를 갖고 행복하게 살아간다. 그러던 어느 날 밤 나무꾼의 아들은 유키 온나의 이야기를 아내에게 들려준다. 그런데 그 아내가 바로 유키 온나였다. 남편이 약속을 지키지 못한 것에 실망한 아내는 영원히 사라지고 말았다.

영어권 세계에 아시아의 유령 이야기를 최초로 전달하는 데 누구보다도 열정적인 사람이 있었다. 바로 라프카디오 헌(1850~1904)이다. 헌의 아버지는 아일랜드인이었고 어머니는 그리스인이었다. 헌은 어릴 때 그리스와 아일랜드 두 나라에서 모두 지냈다. 19살이 되었을 때 가족은 그를 오하이오주 신시내티로 보냈다. 거기서 그는 신문 기자로 활동하기 시작했다.

1890년에 그는 일 때문에 일본으로 건너갔는데, 거기서 아내를 만나 결혼도 하고 시민권도 취득하고 불교도로 전향했다. 그는 고서들과 지역 주민들로부터 이야기를 수집하고 『일본의 유령 이야기In Ghostly Japan』(1899)라는 책을 써서 미국과 영국 독자에게 일본과 중국의 민담을 소개했다. 그의 가장 유명한 이야기 모음집인 『괴담Kwaidan: Stories and Studies of Strange Things』(1903)의 첫 번째 이야기의 다음 구절은 중국과 일본의 괴담에 대한 지속적인 관심이 분명히 드러나 있다.

700년 전 시모노세키해협 단노우라에서 헤이케 일족(다이라 가문)과 겐지 일족(미나모토 가문)이 오랜 전쟁 끝에 최후의 결전을 벌이게 되었다. 결국 전투에서 패배한 헤이케 일족은 여자들과 아이들, 어린 일왕(안토쿠 덴노)까지 모두 죽고 말았다. 이후로 바다와 해안에서는 700년 동안 유령들이 출몰했다. (…) '헤에키 게'라고 불리는 이상하게 생긴 게의 등딱지에는 사람의 얼굴 형상이 보이는데, 이것을 헤이케의 전사 유령이라고 한다. 그 해안에서 목격하고 들리는 이상한 현상들이 셀 수 없이 많다. 칠흑같이 어두운 밤에 수 천 개의 유령같이 생긴 불이 해변을 떠돌아다니거나 파도 위를 날아다닌다. 어부들은 이 창백한 불빛을 악귀의 불을 뜻하는 오니비オニビ, 鬼火라고 부른다. 그리고 바람이 불 때마다 바다에서는 전쟁터에서처럼 큰 함성 소리

가 들려온다.[13]

오늘날 일본의 도시 괴담은 걸신의 요소와 고전적인 '사라지는 히치하이커' 유령 이야기가 결합되어 있다. 한 택시 기사가 도쿄의 어느 병원 앞에서 젊은 여자를 태운다. 여자는 기사에게 목적지를 알려준다. 목적지에 도착했는데 차가운 시트만 보이고 손님은 온데간데없이 사라져 있다. 기사는 여자의 집으로 보이는 곳을 찾아가 자초지종을 설명하자, 집에 있던 사람은 바로 전날 그 여자가 죽었다고 말해준다.

일본에서 흔히 '자살의 숲'으로 알려진 '아오키가하라(あおき-がーはら)'만큼 유명한 유령 출몰 장소도 없다. 매년 약 100명의 사람들이 이 숲에서 죽는데, 대부분 약물을 과다 투여하거나 목을 매달아서 스스로 목숨을 끊는다.

전설에 따르면, 먼 과거에 근처에 살던 부족들이 병약한 노인들을 이 숲에서 죽게 내버려두었다고 했는데, 이 노인들의 유령이 지금도 출몰하고 있다. 아오키가하라는 자살로 유명한 장소가 되어 정부는 자살하러 온 사람들은 도움을 청하라는 표지판을 숲 곳곳에 설치해두었다. 숲에는 이상하게도 야생동물이 살지 않고 나침반이 쓸모없을 만큼 '자기 이상 현상'이 나타난다. 이 장소를 둘러싼 부정적인 에너지를 경험한 사례들이 보고되고 있다.

"아오키가하라에서 자살을 시도하려다가 살아남은 사람들은 누군가 자신을 숲으로 부르거나 끌어당기는 이상한 느낌을 받았고 숲을 헤매게 만드는 알 수 없는 충동을 느꼈다고 말했다."[14]

북방불교를 수행하는 사람들은 『바르도 퇴돌 Bardo Thödol』(『티베트 사자의 서』로도 불림)에서 볼 수 있듯이 윤회 사상을 믿는다. 이 사상에 따르면 죽음 이후 49일이 지나면 환생한다. 죽고 나서 사흘 반이 지나면 영혼은 자신의 운명을 미리 알게 된다. 그중에는 프레타 Preta(아귀)로 다시 태어나는 영혼도 있다. 하지만 죽음과 환생 사이의 상태에 있을 때 전생의 구루가 베푼 가르침을 따른다면 이 운명을 피할 수도 있다. 육신을 소유하고자 하는 갈망이 있더라도 영혼이 어떤 업보를 쌓느냐에 따라 이 중간 기간은 행복할 수도 있고 두려울 수도 있다.

> 너는 너의 집과 시종들과 가족들과 시신을 보며 이렇게 생각할 것이다.
> "이제 나는 죽었구나! 이제 어떡하지?"
> 극심한 슬픔에 젖어 이런 생각에 사로잡힐 것이다.
> "오 내가 육신만 가질 수 있다면 뭔들 내놓지 않겠는가!"
> 그러고는 육신을 찾아 이리저리 헤매며 돌아다닐 것이다.[15]

『티베트 사자의 서』는 심판의 기간에 자손에 대한 분노심이나 물질에 대한 애착심을 가지면 프레타로 환생할 수 있다고 말

잘린 사람 머리를 들고 있는 원령(원한을 품은 유령), 카와나베 쿄사이가 그린 19세기 족자

한다. 이러한 영혼은 중간 기간에 영적인 발전이 미루어진다. 그리고 라마(고위 사제)에게 불려가서 불교의 가르침을 통해 영적으로 진보한 자는 이러한 소통을 시도해서는 안 된다고 경고한다.

인도의 대표적인 종교인 힌두교에서는 유령을 '제2의 신체' 또는 '신비체神秘體'라고 믿는다. 이러한 믿음 때문에 영혼이 다시 육체로 들어오는 것을 막기 위해 장례식에서 화장火葬을 치른다. 영국의 식민지였던 시기에 인도의 유령 이야기는 동양과 서양 전통이 섞였고, 영국의 통치 기간에 인도 문학에서는 환생과 유령의 집 또는 유령 사진 이야기가 결합되었다.

인도에서는 '부트bhoot'에 대한 믿음이 여전히 강하다. 이 불행한 유령은 폭력적인 죽음이나 제대로 된 장례를 받지 못해 생겨났다. 살아있는 사람들에게는 꽤 골칫거리가 될 수 있는 존재다. 바이가baiga는 일종의 마법사로, 유령을 다루고 부트에 의해 피해를 당한 사람을 치유하는 일을 전문으로 한다. 그는 보리로 부적을 만들고 동물을 제물로 바치라고 권고하는데, 마법이 실패할 경우를 대비해 늘 준비된 대답을 가지고 있다.

바이가는 자신의 환자가 죽으면 이렇게 말함으로써 곤란한 상황을 모면한다. "이러이러하게 강력한 부트가 그를 데려갔다. 나처럼 가련한 사람이 무엇을 할 수 있겠는가?" 호랑이나 곰이 사람을 죽이면, 바이가는 동료들에게 부트가 자신에게 관심을 가지지 않은 것 때문에 화가 나서, 이에 대한 앙갚음으로 동물에게 들어가 사람을 죽인

것이라고 말한다.¹⁶

부트는 몇 가지 흥미로운 특징이 있다. 그들은 늘 배고프고 목마르다. 소금을 피한다. 방금 단 것을 먹은 사람을 공격한다(단 것을 파는 사람이 소금을 주는 이유가 여기 있다). 특히 우유를 좋아한다. 남겨진 배우자가 재혼하면 악심을 품는다. 사람이 하품을 할 때 몸속에 들어가고 재채기를 하면 몸에서 쫓겨난다. 땅 위에 앉을 수 없다(모든 악한 것은 대지의 여신을 두려워한다). 부트는 항상 벌거벗은 모습으로 나타나고(19세기 서양 회의론자들이 가진 늘 옷을 입고 나타나는 유령에 대한 의문에 답이 됨), 때로는 여자를 납치하기도 한다. 부트는 살아있는 사람과 구분할 수 없을 정도의 모습으로 나타나지만, 부트를 구분하는 세 가지 특징이 있다. 첫째, 부트는 그림자가 없다. 둘째, 강황 태우는 냄새를 견디지 못한다. 셋째, 말할 때 항상 콧소리를 낸다.

부트가 특별히 악심을 품으면 '가얄gayâl'이 된다. 가얄은 후손 없이 죽어 누구에게도 제사를 받지 못하는 사람의 유령이다. 그래서 인도의 마을에는 가얄을 달래기 위해 우유나 물을 붓는 그릇처럼 움푹 파인 구역이 있다.

인도에도 프레타가 있는데, 여기서는 조산되어 죽은 아이나 기형아의 영혼에 해당하는 단어이다. 인도의 프레타는 성인 남자의 엄지손가락보다 작다고 생각해 부트보다는 훨씬 덜 위험한 존재로 여겨진다.

인도의 초자연적인 존재 가운데 가장 파괴적이고 두려운 것은 '락샤사Râkshasa'인데, 이것은 "밤에 돌아다니고, 묘지를 어슬렁거리고, 희생제를 방해하고, 시신에 생기를 불어넣고, 심지어 사람의 시신이나 짐승의 사체를 게걸스럽게 먹는다."[17]

락샤사는 밤에 날아다니고, 신들과 싸우고, 사람 가까이에 다가와 구역질나게 한다. 어떤 힌두교인은 이슬람교도의 유령이나 브라만의 유령은 가장 악의에 찬 유령이 될 수도 있다고 믿는다.

1993년 인도 북부 어느 마을의 유령에 대한 인류학적인 연구에서 유령에 대한 믿음이 유독 이 지역에 강하게 남아 있을 뿐만 아니라 특히 스트레스가 많은 시기에 강화되는 이유 몇 가지를 제시했다.

> 죽음에 대한 두려움과 유령이 될 것에 대한 걱정은 마을 사람들 사이에서 지속되었고, 오래 죽음의 역사, 몇 세기 동안 이어진 짧은 기대 수명, 그리고 영혼(아트만)과 영혼의 업보(카르마)와 죽음을 일으키는 유령과 관련된 힌두교 신앙의 삶과 죽음에 대한 관점으로 강화되었다.[18]

이 연구(실제로 1970년대에 진행됨)에서는 한 마을(샨티 나가르)의 주민들 사이에 유령에 대한 믿음이 널리 퍼져 있다는 사실을 발견했다. 그중에는 심지어 무신론자와 유령을 믿지 않았던 불교도도 포함되어 있었다. 어떤 신념은 마을 사람들 속으로 빠르게 번지고 있었다. 죽은 사람은 죽은 지 13일 만에 유령이 된다. 유령이 병을 일으킨다. 유령에 사로잡히면 정신병에 걸린다. 죽음이 예정된 시간보다 빨리 죽으면 유령이 될 수도 있다.

샨티 나가르 주민들은 질병이나 불행을 일으킨 그 지역의 유령에게 이름을 붙였다. 예를 들면, '머리 없는 청소부'는 전염병에 감염되어 자살한 남자를 가리켰다(칼로 자신의 머리를 잘랐다). '고의적인 죽음'으로 죽었지만 전염병의 희생자이기 때문에, 그는 이 두 가지 이유로 악령으로 되돌아올 저주를 받았다.[19]

동양에서는 아이를 낳다가 죽은 여자는 유령 이야기에서 특별한 지위를 부여받았다. 일본에서 '우부메うぶめ'는 우는 아이를 팔에 안고 나타난다. 그래서 우부메는 사라지더라도 아이는 살아있는 채 무덤에서 발견될 수도 있다. 인도 북부, 방글라데시, 파키스탄에서는 인도 등불 축제 디왈리 기간에 임신한 여자가 죽으면 '추렐churel'이라는 유령이 되는데, 이 유령은 자신을 괴롭힌 남자 친척의 피를 빨아먹는다. 추렐은 때로 지역 여신과도 연결된다. 가령, 밀림의 지모신인 나디야의 '포루 마이Porû Mâi'도 호랑이에게 물려 죽은 남자의 유령 '바크하우트baghaut'와 연결되어 있다. 그래도 가장 무서운 것은 싱가포르와 말레이시아의 '폰티아낙pontianak'일 것이다. 이 유령은 외따로 떨어진 도로에 나타나 혼자 운전하고 가는 남자에게 차를 태워달라고 요구한다.

폰티아낙은 처음에는 예쁘고 매력적인 여자의 모습으로 나타났다가 남자가 유혹에 넘어가면 갑자기 본래의 끔찍한 모습을 드

콜카타, 칼리지 스퀘어의 사르보자닌 칼리 푸자 판달에 있는 부타 조각

러내고 결국 방심하고 있는 운전자를 죽인다. 폰티아낙은 묘지와 관련된 꽃인 프랑지파니의 향기를 남긴다. 목 뒤에 금속 목을 받으면 쓰러뜨릴 수 있다. 폰티아낙은 인기가 많아서 영화, 노래, 텔레비전 광고에 영감을 줄 정도다. 이것을 폴리네시아 신화의 아기 유령에 대한 믿음과 비교해보라.

아기가 예정보다 빨리 태어나 인생에서 누릴 즐거움과 기쁨을 모른 채 죽으면, 특별한 장례식을 치렀다. 아기가 만약 물에 빠져 죽거나 부주의하게 버려져 죽으면, 악심을 품은 유령이 되었고 자신을 박해한 인간들에게 특유의 반감을 품고 그들이 누리는 행복을 앗아갔다.[20]

5

라 요로나와 꿈의 시대

: 라틴 아메리카와 남반구의 유령

중국의 걸신 축제가 세계에서 가장 널리 행해지는 죽은 영혼을 위한 연례행사겠지만, 이에 못지않게 다채롭고 매력적인 또 다른 축제가 있으니, 바로 멕시코의 '죽은 자의 날Dias de los Muertos'이다.

'죽은 자의 날Dias de los Muertos'은 걸신 축제처럼 지역에 따라 축제의 기간이 달라질 수 있다. 이 축제는 토착 메소아메리카의 축제와 가톨릭 만성절(11월 1일) 및 만령절(11월 2일)을 혼합해놓은 것이다. 지구 반대편에서 가톨릭 선교사들이 켈트족의 아일랜드에 도착했을 때 그들도 켈트족의 삼하인 축제를 받아들여 만성절 및 만령절과 함께 10월 31일(켈트족에게는 10월 31일이 한 해의 마지막 날이고, 11월 1일부터 새해가 밝는다)에 기념했는데, 그 결과 핼러윈이 탄생했다.

삼하인 축제 기간에는 공포적인 요소를 장난스럽게 표현하기도 했다. 켈트족은 새해를 이승과 저승의 장막이 가장 얇아지는 시기로 믿었다. 이런 몇몇 특징은 확실히 오늘날의 핼러윈 축제에 반영되고 있다. 한편 '죽은 자의 날'은 기존에 있던 죽은 자

'죽은 자의 날'에 올린 제물들

의 넋을 기리는 축제인 아즈텍족의 '믹카일후이톤틀리Miccailhuitontli(죽은 자를 위한 작은 축제)'와 '믹카일후이틀Miccailhuitl(죽은 자를 위한 큰 축제)'을 통합시킨 것이다. 전자는 죽은 아이의 넋을 위로했고, 후자는 죽은 성인의 넋을 기렸다.

믹카일후이틀은 8월 3일에 시작했다. 사람이 죽으면 그의 무덤에 4년 동안 먹을 것과 마실 것을 올려놓았다. 아즈텍족 사람

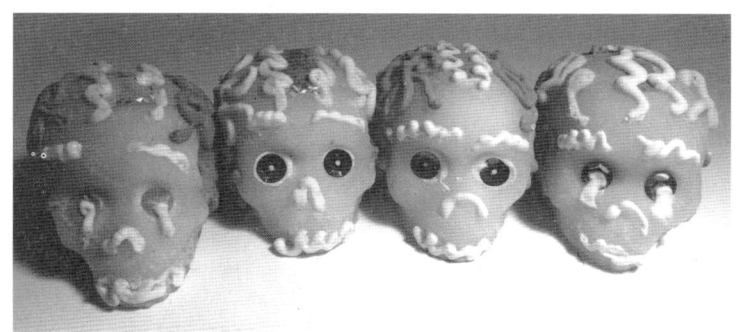
'죽은 자의 날'에 장식하는 설탕 해골

들은 영혼이 믹틀란이라는 지하 세계에서 4년 동안 힘겨운 여정을 견뎌야 한다고 믿었기 때문이다. 그런데 다른 기록에서는 8월 23일에 더 큰 축제가 시작되었다고 말한다. 이 축제에서는 가족들이 죽은 자를 말로 불러서 초대한다.

아즈텍족 사람들은 죽은 전사나 출산 중 죽은 여자를 위한 축제를 포함해 죽은 자를 위한 축제가 매우 많았다. 특히 죽은 전사와 출산 중 죽은 여자는 신격화했고, 이들의 영혼은 내세에 별도의 세계로 간다고 믿었다(단단한 음식을 먹기 전에 죽은 유아의 영혼도 마찬가지다). 그런데 스페인 선교사 프레이 베르나르디노 데 사하군Fray Bernardino de Sahagun(1499~1590)은 아즈텍족은 유령을 믿지 않았다고 기록했다. 이 선교사는 아즈텍의 역사와 민담을 수집하고 『뉴스페인 민속의 역사General History of the Things of New Spain』(『플로렌틴 코덱스』로도 알려짐)라는 책을 남기기도 했다.

하지만 오늘날 '죽은 자의 날'은 정말 영혼과 관련되어 있다는 사실에는 의심의 여지가 없다. 의례 방식이나 축제 일수는 지역에 따라 다르지만 죽은 가족이 돌아온다는 믿음과 그들을 위해 먹을 것과 마실 것을 준비해야 한다는 점은 공통적이다. 대부분의 지역에서는 아이들의 영혼을 기리는 것으로 축제를 시작하고, 다음 날 밤에 성인들의 영혼을 기린다. 보통 '오프렌다Ofrenda'라고 부르는 제물(먹을 것, 마실 것, 사진, 꽃, 사탕, 도자기로 만든 해골 등)과 장식물이 준비되어 있다.

미국에서는 '죽은 자의 날' 축제를 11월 2일에 단 하루 치르는데, 주로 스페인어권 사람들이 많은 도시에서 대규모로 진행되고 오프렌다는 장식 예술 대회의 성격이 강하다. 주부들은 영혼들이 따라갈 길을 표시하기 위해 '젬파수치틀zempasuchitl'이라 불리는 마리골드의 꽃잎을 뿌린다. 그리고 영혼들이 돌아올 수 있도록 도와주는 '코팔copal'이라는 향긋한 송진을 불태운다.

작가이자 의사인 프랑크 곤잘레스-크루시는 한때 한 여성과 인터뷰를 했는데, 그녀는 11월 2일 오후에 어머니가 집 밖 길을 따라 걸어가 유령과 인사하는 장면을 묘사했다.

축복받은 나의 아버지, 어머니, 자매들의 영혼이여, 들어오세요. 어서 들어오세요. 올해는 어떠셨나요? 살아있는 친척들과 즐거운 시간을 보내셨나요? 저희는 부엌에 타말레, 토스타다, 꿀이 든 호박, 사과, 오렌지, 사탕수수, 닭고기 육수, 소금을 준비했고 심지어 테킬라도 있으니 마셔도 좋습니다. 저희가 준비한 게 마음에 드시나요? 올해도 아들들이 일을 열심히 해서 축제를 베풀 수 있게 되었습니다. 성 요셉은 어떻게 지내시나요? 저희가 그분을 위해 드린 미사를 잘 받으셨나요?[1]

일부 지역에서는 '죽은 자의 날' 축제에 폭력을 당해 죽은 사람들을 위한 특별한 밤(보통 10월 28일)을 포함시킨다. 그날 저녁에는 악심을 품은 영혼이 들어오지 못하도록 집 밖에 음식을 놓아둔다.

축제는 가족과 음식에 대한 감사를 표현하는 것이 대부분이지만, 축제 기간에 밝고 활짝 웃는 해골 모양의 장식을 여기저기에 설치함으로써 '죽음'을 재미있게 조롱한다. 이런 '칼라베라 calavera'는 '알페alfeñique'라는 설탕 반죽으로 만들 수 있고, 혼응지(펄프에 아교를 섞어 만든 종이)나 도자기로도 만들 수 있다. 그 위에 그림을 그릴 수도 있다. 멕시코 화가 호세 과달루페 포사다 José Guadalupe Posada가 '죽은 자의 날'과 관련해 〈라 카트리나 La Catrina〉는 깃털 장식 모자를 쓴 우아한 숙녀의 해골을 그렸는데, 이 그림은 부자나 가난한 자나 모두 죽으면 결국 뼈로 돌아간다는 사실을 상기시켜준다.

'죽은 자의 날'과 얽힌 유령 이야기들도 있다. 그중에는 돌아가신 부모님을 공경하기보다는 술 마시고 흥청거리며 세월을 보내는 젊은 남자 이야기가 가장 인기가 많다. 이 철없는 미련퉁이는 결국 분노한 영혼들이 찾아와 죽은 자의 땅으로 끌고 간다.

밋지타Mitzita 공주와 잇지후아파Itzihuapa 왕자의 이야기는 좀 더 특이하다. 이 사랑 이야기는 파츠쿠아로Pátzcuaro 호수 근처의 자니티지오Janitizio라는 마을에서 전해지는데, 이곳은 정교하고 우아한 '죽은 자의 날' 행사로 세계적으로 유명하다. 이 이야기는 원주민 푸레페차족Purépecha이 스페인에 정복당했던 시절로 거슬러 올라간다.

밋지타 공주와 그의 연인 잇지후아파 왕자는 호수 바닥에 묻혀 있는 전설의 보물을 얻으려 했다. 스페인 사람들에게 붙잡힌 밋지타의 아버지를 구하는 데 몸값으로 쓰려고 한 것이다. 하지만 젊은 두 연인은 보물을 지키는 전사 유령들에게 압도당하고 만다. 이제 '죽은 자의 날'이 되면 밋지타와 잇지후아파는 제물을 받기 위해 (스무 명의 경비병 유령들과 함께) 나타난다.

'하날 픽산Hanal Pixan'으로 알려진 마야의 축제도 '죽은 자의 날' 축제가 발전하는 데 크게 기여했을 것이다. '음식을 통한 영혼의 길'을 뜻하는 하날 픽산이 개최되는 기간에는 수많은 전통 접시와 물건을 내놓는다. 첫째 날은 아이의 영혼들을 위해 사탕이나 닭고기 스튜를 제공한다. 11월 1일에는 어른의 영혼들이 도착하고(물과 비누가 준비되어 있어 그들이 먼저 손을 씻을 수 있다), 먹빌mucbil이라는 닭고기 요리를 대접받는다. 이 요리는 고기를 땅에 묻는 것을 포함해 준비하는 데만도 며칠이 걸린다. 픽산의 마지막 날에는 방문한 영혼들에게 '차착-와chachak-wa'라는 특별한 타말레 요리가 제공된다.

지난 수십 년 동안, 멕시코에서는 핼러윈이 더 인기를 끌면서 '죽은 자의 날' 축제가 논란의 대상이 되었다. 아이들(그리고 부모들)은 핼러윈 의상과 리추얼(아이들이 집집마다 다니며 "과자 안 주면 장난 칠 거예요"라고 말하는 것)을 즐겼지만, 보수적이고 종교적인 사람들은 멕시코의 전통 축제가 시들해진다고 비판했다.

토도스 산토스Todos Santos(만성절)와 디아 데 디푼토스Dia de Difuntos(만령절)는 중남미 대부분 지역에서 치러진다. 그런데 멕시코 축제와는 약간 다른 점이 있다. 예를 들어, 에콰도르와 페루에서는 죽은 자를 집이 아니라 무덤에서 기린다.

볼리비아의 아이마라족 소녀들과 미혼 여성들은 다산多産을 보장받기 위해 죽은 아이들의 영혼을 끌어들이려고 인형이나 다른 부족 사람들의 아이들과 춤을 춘다. 아이마라족 사람들은 유령에게 연옥 밖으로 기어 올라갈 수 있도록 사다리를 제공하고, 근처 호수를 건널 수 있도록 배를 제공한다.[2]

오늘날 멕시코는 세계에서 가장 비극적이고 무서운 유령 이야기의 본고장이다. 그중 많은 이야기가 멕시코 이민자들과 함께 미국 국경을 넘어왔다. 메소아메리카(아즈텍) 방식과 유럽(카톨릭) 방식 사이에 문화 충돌에서 이런 유령 이야기들이 만들어진다. 『멕시코 남서부의 유령 이야기Mexican Ghost Tales of the Southwest』라는 책의 작가이자 삽화가인 알프레드 아빌라는 이런 이야기를 담았다. 「박쥐」는 이야기의 제목과 동일한 생명체가 어느 날 밤 한 소년의 침실을 날아다니는 장면으로 시작한다. 박쥐는 아즈텍 전사의 영혼으로 변하더니 소년에게 이렇게 이야기한다.

> 전투에서 죽은 우리 전사들은 이제 정처 없이 밤에 떠돌아 다녀야 한다. 우리의 영혼은 평화나 안식을 찾을 수 없다. 우리에게 제물을 바치는 사원도 없고 우리 신들에게 은혜를 구하는 사제도 없기 때문이다.³

그 박쥐 전사는 소년에게 스페인이나 메스티조 혈통의 노예가 필요해 그 소년을 선택했다고 말한다. 다음 날 소년은 심하게 병을 앓는다. 어머니가 간호하며 기도하지만 상태는 더 나빠진다. 어머니는 민간요법 치료사인 쿠란데라curandera에게 도움을 청하자 그는 소년이 고대의 저주에 걸렸다고 말해준다. 쿠란데라가 소년 옆을 지키고 있을 때 박쥐가 돌아온다.

쿠란데라를 보고 화가 난 박쥐는 소년이 아즈텍 죽음의 신인 믹틀란테쿠틀리의 축복을 받은 것이라고 말한다. 박쥐는 햇빛을 보면 죽기 때문에 먼동이 트기 전에 떠난다. 쿠란데라는 아즈텍 신들에게 박쥐를 죽여달라고 기도를 올린다.

다음 날 밤, 박쥐가 다시 돌아오자 쿠란데라는 박쥐를 속여 다리가 떨어지지 않게 붙이고 해가 뜨기 직전에 믹틀란테쿠틀리에게 요청하자 죽음의 신은 박쥐를 데려가 더 이상 소년을 괴롭히지 못하게 하겠다고 약속한다. 소년은 커서 유명한 혁명가 판초 비야Pancho Villa가 되었다고 말하면서 이야기는 끝이 난다.

'라 하포네사La Japonesa(일본인 여자)'로 알려진 유령은 시골인 멕시코에서 도시 로스앤젤레스로 옮겨온 유령의 사례다. 이야기에는 멕시코에 도착한 어느 일본 유골함이 나온다. 이 유골함에는 유령이 깃들어 있다는 이야기가 알려지자 한 선원은 그것을 홀로 서 있는 사막 선인장 속에 보관했다.

얼마 지나지 않아 그 주변 사람들이 사나운 짐승의 공격을 받아 죽기 시작했다. 결국 유골함 속 유해의 주인인 일본인 여자의 유령이 고향에서 쫓겨난 것에 화가 났고 꼬리가 네 개 달린 커다란 고양이의 모습을 하고 나타난다는 사실이 알려졌다. 로스앤젤레스에서 멀지 않은 샌 가브리엘 계곡의 교외인 엘 몬테 언덕에서 라 하포네사가 목격된다는 이야기가 21세기 초 인터넷 게시판을 달구기도 했다.

하지만 '라 요로나'의 이야기만큼 유명한 멕시코의 유령 전설도 없다. 실제로 라 요로나는 지난 수십 년 동안 가장 유명한 유령으로 손꼽힌다. 어머니가 고의로 자식을 살해한 이 사건은 수백 가지의 버전으로 이야기 각색되어 전해졌다. 이 이야기의 가장 고전적인 버전은 다음과 같다. 라 요로나(우는 여인)는 어린아이 셋을 키우는 과부다. 과부는 슬픔에 잠긴 아내나 엄마 역할에 만족하지 않고 오히려 근처 선술집에서 술을 마시는 것에 더 관심이 있다.

멕시코 코요아칸의 산타 카타리나 광장에 있는 '라 요로나'

어느 날 밤 그녀는 배고파 밥 달라고 떼를 쓰는 아이들을 강물에 빠트려 죽인다. 자신도 스스로 목숨을 끊은 이후 강 근처를 영원히 배회하게 된다. 자신의 운명을 슬퍼하며 그 운명을 대신할 아이들을 찾아 헤맨다.

다른 버전의 이야기에서는 라 요로나가 불공이나 회오리바람의 모습을 나타나기도 한다. 때로는 보름달이 뜰 때만 나타나고, 교회 근처에는 접근하지 못한다. 어떤 사람들은 그녀가 희생자였다고 주장한다. 스페인 정복자들과 함께 온 남편은 그녀와 아이들을 낳고는 모두 버리고 떠났다. 그녀는 아이들이 스페인 혈통을 가지고 있으므로 모두 죽일 수밖에 없었다. 또 다른 이야기에서는 라 요로나와 라 말린체La Malinche를 결합시킨다.

라 말린체는 아즈텍의 통역사이자 에르난 코르테스Hernán Cortés의 정부情婦였는데, 전설에 따르면 그녀가 쌍둥이를 낳은 뒤 이 정복자에게 버림받았다고 한다. 코르테스가 아이들을 데리고 스페인으로 돌아가려 하자, 라 말린체는 아이들을 칼로 찌르고 강물에 던져버렸다. 그 후로 곧 그녀는 '라 요로나'로 알려졌다.

라 요로나를 목격했다는 소식이 처음 알려진 때는 1550년이다,

라 말린체가 죽은 지 약 20년이 지난 해였다. 그녀는 멕시코시티의 마요르 광장에서 흰 옷을 입고 흰 베일을 쓴 채 나타났고, 보름달이 뜰 때는 목격자가 더 많이 나타났다.

라 요로나의 이야기는 아이들이 밤에 혼자 밖으로 나가지 못하도록 경고하거나 젊은 여성이 남편감을 현명하게 고르도록 하는 데 수 세대에 걸쳐 활용되었다. 이 이야기는 단편소설, 그래픽 노블, 영화뿐만 아니라 놀이공원의 명소에도 영감을 주었다. 유명한 명소 중 하나는 유니버설 스튜디오의 핼러윈 호러 나이트에 있는 '라 요로나'로 알려진 유령의 집이다.

한때 에콰도르에서 칠레까지 영토를 확장한 잉카제국은 수호신을 만들기 위한 인간 희생제를 치렀다. 1621년 스페인 재판관 에르난데스 프린시페는 페루 마을의 개종한 주술사와 친구가 되었다. 이 마을 주민들은 '탄타 카르후아Tanta Carhua'라는 여신을

섬겼다. 하지만 프린시페는 곧 탄타 카르후아의 숨겨진 진실을 알게 되었다.

1430년 무렵에 카크 포마라는 야심가가 열 살짜리 예쁜 딸 탄타 카르후아를 태양신에게 제물로 바쳤다. 그 보답으로 잉카제국은 포마에게 그 마을의 추장 자리를 넘겨주고 탄타를 신격화해 주었다. 마을 사람들은 200년 동안 탄타를 섬기면서 주술사를 고용했다. 주술사는 탄타의 영을 접신했고 가성의 목소리를 내며 건강과 번영에 대한 질문에 답했다.[4]

브라질의 마토 그로소 Mato Grosso 지역에 있는 투파리 부족은 자신들의 꿈에서 왜 유령이 자주 등장하는지 설명하는 독특한 이야기를 가지고 있다. 사람이 죽으면 눈동자가 사라져 앞이 보이지 않기 때문에 영혼은 죽음의 땅까지 길을 손으로 더듬거리며 가야 한다. 거대한 악어와 뱀의 등을 타고 이동하고 무서울 만큼 덩치가 큰 재규어와 만난 후, '파비드 pabid (눈먼 영혼)'는 죽음의 땅에 도착한다. 거기서는 파비드의 창자가 살찐 벌레들에게 먹힌다.

파비드는 죽은 자의 마을의 최고 마법사인 '파토브키아 Patobkia'를 만나 시력을 회복하고 자신이 죽었다는 사실을 깨닫게 된다. 파비드는 둥근 오두막에 살면서 파토브키아가 마법으로 키운 음식을 먹는다. 투파리 부족의 마법사들은 꿈에서 파비드의 마을을 방문할지도 모른다. 또한 투파리 부족은 각 사람이 '키-아포가-포드 ki-apoga-pod'라는 두 번째 유령을 가지고 있다고 믿는다.

이 유령은 사람이 죽으면 매장된 후로 며칠 만에 심장에서 튀어나온다. 마법사는 이 유령에게 먹을 것을 주고 형체가 없는 점토 같은 얼굴에 이목구비를 만들어 공중으로 내보낸다. 그런데 만약 죽은 사람이 마법사라면 키-아포가-포드는 마을에 머물면서 먹고 마시면서 투파리족 사람들에게 꿈을 제공할 것이다.[5]

아프리카 대부분의 민족이나 부족은 조상 숭배 의식을 치르고 죽은 사람의 장례식을 거행하지 않으면 분노를 품은 유령으로 돌아온다고 믿는다. 자이르의 냥가(지금은 콩고민주공화국)에서는 자살이나 마법에 의해 죽은 사람은 '비냐냐시Binyanyasi'라고 불리는 안식을 취하지 못하는 영혼이 되어 돌아온다고 믿는다.[6]

요루바족은 유령이 '죽음의 땅'이라는 곳에 머물고, 인간사에 관해서는 거의 아는 바가 없다고 생각했다. 요루바족 속담 중 이런 말이 있다.

"하늘에서 풀이 자랄 수 없듯이, 죽은 자는 무덤 밖으로 길가를 내다볼 수 없다."[7]

요루바 민담에서 한 여자가 친구에게 귀중한 목걸이를 건네며 간수해달라고 부탁한다. 친구는 벽 속에 몰래 목걸이를 숨기고 구멍을 막는다. 불행히도 친구는 죽고, 목걸이 주인이 목걸이를 찾으러 돌아와 죽은 친구의 두 아들이 그것을 훔쳤다고 고소한다. 추장은 목걸이를 찾아오지 않으면 두 아들 중 하나를 노예로 팔 것이라고 하자, 다른 아들은 신탁 받는 곳에 가서 목걸이를 어떻게 찾을 수 있는지 묻는다. 신탁은 죽음의 땅에 있는 어머니를 찾아야 한다고 알려준다. 그곳은 다음과 같이 해야 도달할 수 있다.

> 어머니를 찾는 자식에게
> 이파Ifa의 무덤에 밤이 찾아오면
> 죽은 자에게 검은 양을 바치게 하라.
>
> 어머니를 찾는 자식에게
> 눈에 깨끗한 정수를 뿌려라,
> 그러면 죽은 자가 보이리라.
>
> 어머니를 찾는 자식에게
> 조용한 발자국을 따라가게 하라.
> 그러면 죽음의 땅에 도달하리라.[8]

아들은 죽음의 땅에서는 그 누구도 손에 대면 안 된다는 지시도 받는다. 지시를 잘 따른 아들은 마침내 어머니를 만나고 목걸이를 숨긴 장소를 듣고는 너무 기뻐서 어머니를 거의 안을 뻔했다. 그 순간 어머니는 뒤로 재빨리 물러나면서 아들을 구한다. 아들은 이승으로 돌아와 목걸이를 되찾고 형제를 구한다.

아프리카 요루바족의 민담은 국제적으로 유명한 작가 아모스

투투올라의 소설 작품에도 영감을 주었다. 투투올라의 스토리에는 고블린, 마녀, 기이한 운명, 노래하는 북, 유령 등이 등장한다. 『마을 주술사와 다른 이야기들The Village Witch Doctor and Other Stories』이라는 이야기 모음집에서는 미신이 비참한 결과를 초래할 수 있다는 것과, 전통적인 믿음과 현대적인 회의론 사이의 갈등을 솜씨 좋게 그려낸다. 주술사 오사닌에게는 아로Aro라는 친구가 있다.

아로는 오사닌에게 자신이 엄청난 돈을 유산으로 받았고 그것을 어느 나무 아래 묻을 것이라고 말한다. 오사닌을 그 돈을 훔쳐 가고는 아로의 죽은 아버지가 저지른 일이라고 탓한다. 아로는 어쩔 수 없이 가난하게 살아가지만 결혼해 아들 아자위를 갖고 세상을 떠난다. 가난하게 자란 아자위는 갚을 수 없을 만큼의 빚을 지고 결국 오사닌에게 도움을 청한다.

오사닌은 그의 아버지에게 했던 것처럼 아자위의 믿음을 이용해 숫양 아홉 마리를 자루에 담아 아버지의 무덤에 두면 아로의 유령이 숫양을 돈으로 바꿔줄 것이라고 말한다. 아자위는 겨우 숫양 여섯 마리만 살 수 있었는데, 오사닌이 그마저도 가져가 젊은이는 더욱 가난해진다. 오사닌은 아자위에게 숫양 세 마리도 더 바쳐야 한다고 말하자, 이번에는 아자위가 자루 중 하나에 숨어 아버지의 유령과 싸울 계획을 세운다. 오사닌이 자루를 훔치려 하는데 자루에 숫양이 아닌 아자위가 한 손에 마체테(날이 넓고 무거운 칼)을 들고 숨어 있다가 나타나자 깜짝 놀란다. 아자위는 오사닌이 아버지의 유령이라 생각하고는 거의 죽일 뻔하지만, 마지막 순간에 오사닌이 아자위에게 돈을 돌려준다.[9]

유럽인들이 아프리카 사람들을 노예로 신대륙에 끌고 오던 시기에, 요루바족, 다호메족, 콩고족 등 수많은 소수 민족의 신앙이 프랑스 가톨릭교와 융합되면서 '부두교'라는 새로운 종교가 탄생한다. 부두교는 아이티에서 시작되었고, 유령들을 부두교도들이 예배를 올리는 영혼(로아)의 판테온에 포함시켰다. 부두교는 3단계의 체계를 이루고 있는데, 꼭대기에는 최고신 '본디에Bondye'가 있고, 중간에는 수많은 반신반인半神半人이 있으며, 맨 아래에는 죽은 조상의 영혼인 '로아 게데loa Ghede'가 있다. 일부 반신반인은 인간의 기원을 가지고 있다고 믿는다. 예컨대, 파파 게데Papa Ghede는 인류 최초로 죽은 인간으로 여겨진다. 그는 죽음과 다산多産을 관장하고, 특히 요란한 유머 감각을 소유하고 있다.

자메이카의 종교인 쿠미나Kumina에서는 각 사람이 육체, 영혼, 더피duppy(일종의 유령)를 소유하고 있다고 믿는다. 사람이 죽으면 영혼은 하늘로 올라가지만, 더피를 위해서는 특별히 제사를 치러 주어야 한다. 그렇지 않으면 주변을 배회하며 사람들을 끊임없이 괴롭힌다. 더피는 위험하고 무서운 존재다.

낮에는 잠을 자고 밤에는 돌아다니며 어두운 골목, 버려진 건물, 나무 아래 등에 도사리고 있다. 그러다가 날이 밝기 전에 다시 무덤으로 돌아가야 한다. 발은 땅에 닿지 않는다(발에 암소 발굽을 가진 경

우도 있다). 코맹맹이 소리로 말하고 날카롭고 유치하게 웃고, 숫자를 넷까지만 셀 수 있다.[10]

더피의 공격을 막으려면 주기도문을 암송하거나 4보다 큰 숫자를 세면 된다. 남반구에는 유령과 관련해 흥미로운 전통이 있다. 바로 유령이 일상에서 영원히 함께한다는 오스트레일리아 원주민의 전통이다. 오스트레일리아 빅토리아주 서부 지역의 부족에 대한 초기 연구를 보면, 각 사람이 유령ghost과 생혼wraith 둘 다 가지고 있다는 믿음을 확인할 수 있다. 후자는 사람이 죽기 직전에 나타난다.

사람이 죽으면 영혼은 며칠 동안 육체 근처에 머물지만, 누군가 가까이 오면 사라지고 만다. 죽은 사람의 친구에게 나타나기도 하고, 이름을 부르면 사라지지만 가끔 언뜻 보이기도 한다. 죽은 지 3일 후에는 선한 사람의 유령은 구름 위 낙원을 올라가는데, 그곳에는 가족들이 기다리고 있고 즐길 것이 풍성하다. 하지만 악한 사람의 유령은 1년 동안 지상을 배회하다가 지옥으로 내려간 뒤로는 결코 돌아오지 못한다.[11]

오스트레일리아 원주민의 신화에서는 '꿈의 시대Dreamtime(때로는 'Dreaming'으로 불리기도 함)'가 핵심 개념으로 등장한다. '꿈의 시대'는 우주의 창조와 조상들의 세계 창조가 포함된다. 어떤 원주민 부족은 '꿈의 시대'는 과거였다고 믿는 반면, 또 다른 부족은 과거와 현재에 동시에 이루어지고 있다고 믿는다. 어떤 경우

든 '꿈의 시대'는 조상의 영혼이나 꿈의 영혼의 도움으로 꿈을 통해서만 접근할 수 있다.[12]

오스트레일리아에서 오늘날 유령이 자주 출몰한다고 알려진 곳이 주로 감옥(오스트레일리아는 범죄자 식민지의 역사를 가지고 있음)이나 원주민 비극의 장소인 것은 당연하다. 네드 켈리를 포함해 100명 이상의 죄수들이 구 멜버른 감옥Old Melbourne Gaol에서 교수형을 당했는데, 목격자들은 누구 것인지 알 수 없는 목소리가 들리고 초자연적인 현상이 벌어진다고 털어놓았다. 포트 아서Port Arthur(한때 '도망칠 수 없는 감옥'으로 불림)에서는 유령이 1,800번 이상 목격되었고, 퀸즐랜드주 바빈다 근처의 '악마의 웅덩이Devil's Pool'는 애인과 헤어진 뒤 익사한 원주민 여성의 유령이 출몰하는 곳으로 알려져 있다. 지금 그 유령은 사람들을 유인해 죽음에 이르게 한다.[13]

6

증거를
탐구하다

: 유령과
과학

1984년 〈고스트버스터즈Ghostbusters〉라는 판타지 코미디 영화가 박스 오피스를 강타했다. 이 영화는 빌 머레이, 댄 애크로이드, 해롤드 래미스가 주연을 맡았는데, 이 매력 넘치는 괴짜 트리오는 과학적인 장비인 프로톤 팩, PKE 계측기를 이용해 성가신 유령들을 추적하고 사냥한다.

〈고스트버스터즈〉의 제작진은 이 영화가 실제 유령 사냥꾼들에게 영감을 줄 것이라고는 상상도 못했을 것이다. 유령 사냥꾼들은 휴대용 측정기와 최첨단 장비를 가지고 사냥감을 따라다닌다. 텔레비전 시리즈 〈고스트 헌터스Ghost Hunters〉의 에이미 브루니는 이렇게 말했다.

"나는 〈고스트버스터즈〉가 초자연 현상 마니아들에게 초석을 마련해주었다는 사실을 해롤드 래미스가 미처 깨닫지 못했을 거라고 생각한다."[1]

21세기에는 스마트폰과 어플리케이션만 있으면 누구나 유령 사냥꾼이 될 수 있다. 하지만 좀 더 진지한 초자연 현상 연구자들은 이보다 더 많은 것을 요구한다. 전 세계 기업들이 점점 더 정교한 장비를 제공하면서 이제 '유령 사냥'은 많은 사람의 관심을 받는 큰 사업이 되고 있다. 물론 21세기의 유령 사냥꾼들도 여전히 영매, 다우징 로드dowsing rod(두 개의 금속 막대로 영혼의 대답을 확인하는데, 막대가 서로 교차하면 '아니다', 서로 멀어지면 '그렇다'를 나타낸다), 목격담 수집, 나쁜 기분이나 두통 같은 신체적 효과에 의존하기 등등 고전적인 기술을 활용하지만, 유령 사냥은 이제 제법 그럴 듯한 과학적인 겉치장을 갖추고 있다. 시중에 나와 있는 많은 유령 탐지 장비는, 유령은 전자기 스펙트럼 내에 속하는 에너지의 형태로 구성되어 있어 EMF(전자기 주파수) 측정기로 읽힐 수 있다는 통념에 따라 만들어진다.

초자연 현상 측정 장비를 공급하는 한 업체에서는 이렇게 말한다.

"유령이 출몰하는 장소에서는 대부분 강하고 불규칙적이고 변동이 큰 EMF가 나타난다. 이러한 에너지장場은 확실히 유령의 존재와 관련 있다."[2]

EMF가 유령의 존재와 관련 있다는 믿음은 강신술에 뿌리를 두고 있다. 1873년 강신술 지지자 뉴튼 크로스랜드는 교령회에서 탁자가 움직이고 두드리는 소리가 나는 현상을 설명하기 위해 다음과 같이 말했다. "이런 특이한 현상들은 유령이 영매의 자기력을 이용해 발생시킨다고 믿는다."[3]

위대한 발명가 토마스 에디슨조차도 1920년 인터뷰에서 이렇게 말했다.

영화 〈고스트버스터즈〉(1984)에서 (왼쪽부터) 빌 머레이, 해롤드 래미스, 댄 애크로이드가 장비를 전체 장착한 모습

나는 이 세상을 떠난 존재들이 우리와 소통하는 것이 가능한지 알아보기 위한 장치를 만드는 일을 얼마 동안 했다. (…) 만약 이것이 성공한다면, 이른바 '영매'에 의한 주술적이고 신비하고 기이한 방식이 아닌 과학적인 수단으로 측정하는 것이 가능해진다.[4]

'ghoststop.com'과 같은 인터넷 사이트를 몇 분만 둘러보아도 초보자에게 필요한 모든 도구를 제공받을 수 있다.

K-II EMF 측정기(또는 안전 범위 측정기)

9볼트 건전지 하나로 작동하는 이 소형 플라스틱 휴대용 장비는 어느 정도 범위의 전자기 주파수를 측정한다. 원래 EMF 측정기는 전기 기술자와 같은 사람들이 전선이나 숨어 있는 전원의 위치를 찾아내는 데 사용하도록 고안된 기계지만, 초자연 현상을 연구하는 사람들은 이 장치로 유령이 방출하는 저주파 방사선을 찾을 수 있다고 주장한다.

K-II EMF 측정기는 왼쪽에서 오른쪽으로 초록색부터 붉은색까지 다섯 개의 LED 전구가 있는데, 측정한 위치에서 기계의 수치가 올라가면 유령이 존재하는 것이라 믿는다. 유령 사냥꾼들은 이 기계를 두 가지 방식으로 사용한다. 첫째, 유령이 출몰하는 장소에서 수치를 확인한다. 둘째, 측정기를 가지고 유령과 소통하는데, LED 전구에 불빛 신호가 들어오면 유령이 반응

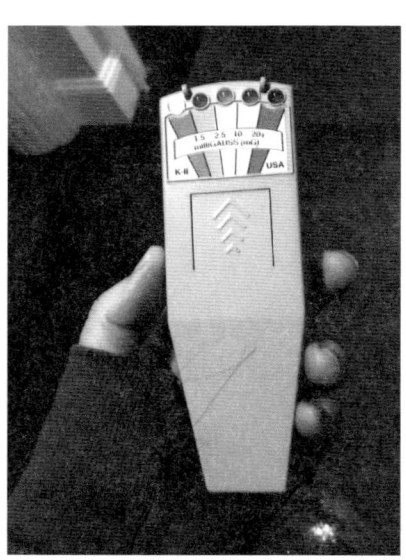

초자연 현상을 탐지할 때 사용하는 K-II EMF 측정기

을 보이는 것이다. 회의론자인 케니 비들Kenny Biddle은 K-II EMF 측정기를 여러 상황에서 테스트해보고는 휴대폰, 카메라, 그의 신체에 반응해 LED 불빛이 깜빡거릴 뿐 아니라 압력 스위치(측정기를 작동시키려면 계속 누르고 있어야 함)는 조작하기가 쉽다는 사실을 발견했다. 비들은 다음과 같이 결론을 내렸다.

"유령이 전자기장에 영향을 미친다거나 EMF 측정기로 유령을 탐지할 수 있다는 주장을 뒷받침할 증거는 어디에도 없다."[5]

디지털 녹음기

이 소형 휴대용 녹음기는 EVP(전자 음성 현상)를 잡는 데 사용한다. 유령의 목소리(또는 영혼과 통하는 영매의 목소리)는 지난 한 세기 동안 녹음되었는데, 1930년대부터 지금까지 유령의 목소리나 다른 초자연적인 현상을 녹음한 것을 올린 인터넷 웹사이트들도 있다.[6]

역사적인 녹음 기록을 보면, 영매들은 다양한 음성과 어조로, 그중에서도 특히 죽은 공군 병사, 오스카 와일드, 샬롯 브론테의 목소리로 말한다고 주장한다. EVP는 1968년에 실제로 대중화되었는데, 이때 라트비아의 심리학자 콘스탄틴 라우디베가 『돌파구: 죽은 자와의 전자적 의사소통에 관한 놀라운 실험 Breakthrough: An Amazing Experiment in Electronic Communication with the Dead』이라는 책을 출간했다.

라우디베는 그가 새소리로 만들어놓은 녹음에서 죽은 친척의 목소리를 듣는다고 주장했다. 1970년대에는 초심리학자 데이비드 스콧 로고는 죽은 자가 전화기를 통해 소통을 시도하고 조용한 방 안에서 그 소리를 녹음할 수 있다는 생각을 대중화시켰다. 몇 년 후 소설가 윌리엄 피터 블래티도 『군중Legion』과 그 속편인 『엑소시스트The Exorcist』에서 마찬가지로 대중화시켰다. 이제는 디지털 오디오 기술로 게인gain(감도)을 높이거나, 백색소음 중에 인간의 목소리와 비슷한 소리를 밝히는 방식으로 녹음을 증폭시키고 처리하는 것이 점점 더 쉬워졌다.

초심리학자들은 두 가지 형태의 EVP를 인식하다. 첫째는 변형 EVP로, 무형의 독립체가 전자 매체에 단어를 만들어 띄우기 위해 에너지의 일부를 사용한다고 생각한다. 둘째는 기회주의적인 EVP로, 여기서는 '고스트 박스'(아래를 보라)나 그와 비슷한 것을 통해 독립체들이 이용할 수 있는 소리가 만들어진다. 하지만 초심리학자들은 EVP를 일종의 환청으로 볼 가능성이 더 크다. 다시 말해, 청취자가 임의의 소리를 자신의 언어로 해석하는 상태인 것이다.

오빌러스

이 소형 전자 장치(특이하게도 고스트버스터즈의 PKE 측정기와 비슷해 보임)는 환경 변화(주로 EMF)를 읽고 데이터를 언어로 변환

한 다음, 장치의 화면에 텍스트를 보여주고 작은 스피커로 소리를 들려준다(심지어 오빌러스 4는 사용할 수 있는 여러 가지 목소리가 있다).

빌 채펠Bill Chappell이 발명해 그의 웹사이트에서 제공한 이 오빌러스(그는 ITC 장치라고 부름)는 유령이 문자를 만들기 위해, 특히 질문에 대한 답을 할 때 방사선을 조종할 수 있다는 전제하에 작동된다. 오빌러스는 약 2,000개의 단어와 이름을 데이터베이스로 가지고 있고, 종종 위자 보드의 전자 버전으로 여겨지기도 한다.

고스트 박스

오빌러스와 마찬가지로 고스트 박스는 무형의 독립체와 소통하기 위해 고안되었다. 고스트 박스는 AM/FM 라디오를 변형시킨 것일 수도 있고, 아니면 초자연 현상 연구를 위해 특별히 만든 장치일 수도 있다. 기본 원리는 이 장치가 라디오 주파수를 빠르게 스캔하는 것인데, 이 주파수는 소리의 폭발로 간간이 끼어드는 백색 소음을 만들어낸다. 어떤 사람은 유령이 이 백색 소음을 언어를 만드는 데 사용하는 에너지로 바꿀 수 있다고 믿는다. 이 언어는 고스트 박스의 스피커나 헤드폰을 통해 전달된다.

손전등

초자연 현상을 연구할 때 손전등은 어둡고 밀폐된 장소를 비추는 데 사용하지만, 유령 사냥꾼들은 소형 손전등을 유령과 소통하는 용도로도 쓴다. 이런 모델은 크기가 2.5×15cm 정도 되고, 앞에 렌즈 부분을 돌려서 불을 쉽게 켜고 끈다. 이 손전등은 단순하고 예민하게 작동하기 때문에 초자연 현상 연구자들은 여러 개의 손전등을 놓아두고 유령에게 지금 이 자리에 있는지 없는지 손전등을 켜거나 꺼서 알려달라고 요청한다. 만약 두 개 이상의 손전등을 사용할 경우, 유령은 특별히 손전등 하나만으로 의사를 표시하거나 여러 개의 손전등으로 다양한 대답을 할 수도 있다(예컨대, 파란색 손전등을 사용해 '그렇다'라고 대답하고 빨간색 손전등을 사용해 '아니다'라고 대답한다). 손전등은 둥글고 쉽게 굴러가기 때문에 유령은 그것을 물리적으로 움직여서 자신의 존재를 드러낼 수도 있다.

레이저

마치 최첨단 스릴러 영화에서 튀어나온 것처럼, 이제는 유령의 존재를 탐지하기 위해 레이저 그리드를 어디에나 설치할 수 있다. 100달러도 안 되는 돈으로 레이저 그리드 프로젝터를 구매할 수 있다.

이 프로젝터로는 "유령의 이동 속도와 크기를 측정할 수 있고 심지어 삼차원 모델까지 구현해낼 수 있다"라고 한다.[7] 대부분의 유령 사냥꾼들은 선線보다는 수백 개의 점을 투사하는 녹색 레이저 시스템을 선호하는 것 같다. 레이저는 보통 레이저 필드를 교란시키는 것을 포착하기 위해 비디오카메라가 달려 있는 삼각대에 설치한다.

온도계

지난 수 세기 동안 '차가운 지점Cold spot'은 유령이 출몰하는 장소로 기록되어왔다. 그래서 유령 사냥꾼들은 특정 지역의 온도 변화를 측정하기 위해 디지털 온도계를 이용한다. 보통 갑자기 온도가 떨어지는 곳은 유령이 나타나거나 존재하는 곳으로 여겨진다.

열화상 카메라

돈이 남아도는 유령 사냥꾼은 열화상 카메라를 더 선호할지도 모른다. 텔레비전 시리즈 〈고스트 헌터스〉의 스티브 곤잘레스가 설명한 것처럼, 열화상 카메라가 있으면 "어디서든 온도가 높거나 낮은 지점을 측정할 수 있고, 실시간으로 온도 변화를 추적할 수 있다. 의심할 여지 없이 매우 가치 있는 장비다."[8] 열화상 카메라는 적외선을 추적하고 그것을 여러 가지 색으로 변환시켜 보여준다. 온도가 높은 물체는 붉은색, 노란색, 흰색 등으로 보여주고, 온도가 낮은 물체는 초록색, 파란색, 남색 등으로 보여준다.

초자연 현상 연구자들은 열화상 카메라로 유령이 지나간 자리에 남은 '온도의 흔적'을 밝혀낼 뿐 아니라 '에너지의 빈 공간'(일반적으로 유령 사냥꾼들은 유령이 배터리나 전원 장치에서 에너지를 빨아들인다고 믿는다)까지 탐지할 수 있다고 생각한다. 어떤 사람들은 열화상 카메라는 물론이고 열 시트('유령 패드'로도 판매함)도 활용한다. 이 시트는 온도 변화에 따라 색깔이 변하는데, 유령의 손자국 모양이 대표적인 예다.

어플리케이션

휴대폰을 EMF 측정기, 오빌러스, 심지어 열화상 시스템의 보조 기구로 바꾸는 어플리케이션을 사용할 수 있다(특히 마지막의 경우는 가정 난방 장치를 가지고 문제를 해결하도록 돕는 실용적인 도구로 킥스타터[미국의 크라우드 펀딩 서비스 기업]에서 크라우드 펀딩이 진행되었다. 목표액이 2만 달러였는데 17만 5,000달러가 모금되었다. 이를 통해 초자연 현상 연구자들 사이에서 열화상의 인기가 얼마나 높은지 짐작할 수 있다). 하지만 일부 유령 사냥 어플리케이션은 덜 실용적이어서 사실상 과학자들과 연구자들은 전용 장치가 할 수 있는 일을 어플리케이션은 할 수 없는 경우가 많다고 경고한다(예를 들어, 한 오빌러스 폰 어플리케이션은 EMF나 온도 데이터를 모을 수 없는데, 스마트폰에는 적절한 감지 장치가 장착되어 있지 않기 때문이다).

카메라

이제 아마추어 유령 사냥꾼은 스마트폰 카메라로 사진과 동영상을 찍을 수 있을 뿐 아니라 야간 투시경과 열화상 장비도 사용할 수 있다. 카메라는 사용자가 직접 사용하거나 원격에서 녹화하도록 설정할 수도 있다. 모션 디텍터에 연결하거나 단순히 그냥 작동하도록 내버려 두어도 된다. 사진이나 동영상은 나중에 컴퓨터로 품질을 높일 수 있다.

디지털 사진이 보편화되기 약 150년 전에는 카메라가 유령을 기록하는 데 사용한 최초의 현대 기술이었다. 처음으로 유령이 필름에 포착된 것으로 본 시기는 실용적인 사진이 탄생한 지 겨우 20년이 지난 1860년이다. 이때 뉴저지의 사진사 W. 캠벨은 빈 의자의 사진을 찍었는데, 필름을 현상해 보니 어린 소년이 의자에 앉아 있었다.

1년 후 보스턴의 판화가 윌리엄 멈러는 자화상을 찍었는데 사진에 오래전에 죽은 사촌의 모습이 나타났다. 멈러는 곧 강신술 운동에 합류했고, 1869년에는 판화 작업을 그만두고 뉴욕으로 건너갔다. 거기서 그는 '유령 사진'을 찍어 비싼 가격에 팔았다. 그

1936년 앵드르 쉬라가 찍은 레이넘 홀의 '갈색 여인'

의 작품 중 가장 유명한 것은 '린달 부인'의 사진이다. 이 부인이 어느 날 스튜디오에 찾아왔다. 두꺼운 검은 베일을 벗자 에이브러햄 링컨 대통령의 미망인 메리 토드 링컨의 얼굴이 보였다.

멈러가 그녀를 찍은 사진을 보면 죽은 대통령이 뒤에 서서 몸을 굽히고 있다. 뉴욕경찰국NYPD에서 멈러에게 사복 경찰을 사진 모델로 보낸 뒤로, 그는 '유령 사진이라는 것으로 어수룩한 사람들에게 사기를 친' 혐의로 체포되었다. 이때 쇼맨showman으로 활동한 P.T. 바넘은 자신이 '야바위humbug'라고 부른 사진들을 검찰에 재판 증거로 제출했다.[9] 하지만 판사는 검찰이 제시한 증거가 부족하다는 이유로 마지못해 변론을 제시했다.

1875년 멈러는 『유령 사진에 관한 윌리엄 멈러의 개인적 경험The Personal Experiences of William H. Mumler』이라는 일종의 자서전을 출간했는데, 이 책에서 그는 자신의 결백은 주장했지만 왜 유령이 자신의 사진에 등장하는지 그 이유는 설명하지 않았다. 그런데 바넘은 1866년에 출간한 『세계의 야바위들Humbugs of the World』이라는 책에서 한 챕터를 할애해 유령 사진에 관해 언급했다.

> 나는 '유령'으로 보이기 원하는 사람들과 닮은 사진을 만드는 데 영매가 필요 없다는 사실을 가장 무지한 사람들도 이해할 수 있도록, 이러한 환영을 일으키는 방식을 설명하기만 하면 된다. 사진사는 늘 고인의 외모나 옷차림, 머리 스타일이 어떤지 묻는다. 그런 다음 손님을 위해 그와 가장 유사한 유령의 실루엣을 사진 속에 만들어준다.[10]

강신술 운동이 절정에 이르렀을 때 속임수도 많았지만, 일부 아마추어 사진사들은 말로 설명할 수 있는 현상이 담긴 사진을 찍기도 했다. 1891년 시벨 코벳Sybell Corbet이라는 여성은 체셔의

회의론자 리오넬 웨덜리에게 나타난 유령 마법사 J.N. 마스켈라인의 모습을 담은 가짜 유령 사진

컴버미어 수도원 서재에서 사진을 찍었다.

사진은 셔터를 한 시간 동안 열어놓아야 했는데, 그사이에 아무도 그 방에 들어가지 않았다. 그런데 사진을 현상하자 어떤 남자가 서재 의자에 앉아 있는 것이 보였다. 그 남자는 죽은 컴버미어 경으로 밝혀졌다. 아마도 훨씬 더 설득력 있는 사진은 유명한 '갈색 여인Brown Lady'의 사진일 것이다.

이 사진은 1936년에 노퍽의 레이넘 홀에서 찍혔다. 사진사인 앤드르 쉬라가 카메라 렌즈를 계단 쪽으로 돌렸을 때 유령이 다가오는 모습이 포착되었다. 그의 조수는 아무것도 보지 못했지만, 사진에는 무언가를 덮고 있는 반투명한 인물이 계단을 내려오는 모습이 찍혔다. 이 사진은 지금까지도 가장 신비한 유령 사진으로 남아 있다.

유명한 유령 사진들은 1860년대 이래로 거의 10년마다 한 번씩 찍혔다. 때로는 유령 사진이 가짜로 판명 나는 데 수십 년이 걸리기도 했다. 예를 들면 '웸 유령Wem Ghost'으로 알려진 사진이 있다.

1995년 아마추어 사진가인 토니 오라힐리는 슈롭셔Shropshire 지방의 웸Wem에서 90년 된 시청 건물의 화재 현장을 촬영했다. 나중에 사진에는 화염 속에 서 있는 옛날 옷을 입은 어린 소녀의 모습이 찍혔다. 지역 주민들은 그 유령이 1677년에 같은 자리에서 불타 죽은 14살 제인 첨Jane Churm일지도 모른다고 말했다. 그런데 2010년 한 지역 신문에 실린 기사에 1922년 웸 지역의 그림엽서가 소개되었다. 이때 브라이언 리어라는 지역 주민이 그림엽서 속 소녀가 '웸 유령'과 닮았다는 사실을 눈치 챘다. 오라힐리(2005년에 사망함)를 알고 있던 이웃들은 명백한 사기의 증거가 나왔음에도 그의 결백을 주장했다. 한 향토사학자는 "그는 늘 사진

콜로라도의 스탠리 호텔 아래 터널에서 찍은 사진으로 바닥 근처에 '구체(orbs)'가 보인다.

이 진짜라고 주장했고 나는 그를 믿는다"라고 말했다.[11]

20세기 말에 값싸고 작은 디지털 카메라가 등장하면서 사진 속에는 '구체orbs'라고 알려진 전혀 새로운 형태의 유령이 나타났다. 디지털 카메라에 내재하는 요소들(단초점 렌즈, 렌즈에 내장된 플래시 등)이 렌즈 바로 앞에 공기 중에 떠다니는 먼지나 물방

울 입자를 강조하고 확대할 수 있다. 그래서 사진에 밝고 반투명한 구체를 만드는 것이다. '유령이 출몰하는' 장소는 플래시를 사용해야 할 만큼 어둡고 먼지가 많거나 눅눅하기 때문에 구체들이 가득한 사진을 얻기가 쉽다. 유령을 믿는 사람들은 그것을 '유령의 구체'라고 부르거나 천사들이 그 주변을 날아다니며 특별히 축복을 내린 증거"라고 말할 것이다.[12]

최근에는 기술이 휴대폰으로 동영상을 쉽게 찍을 수 있고 유튜브와 같은 웹사이트를 통해 아무 때나 동영상을 공유할 수도 있다. 때로는 유령을 보여준다고 하는 동영상들은 짧은 시간에 조회 수를 수십만으로 올릴 만큼 인기가 좋다. 2009년에 올린 동영상은 5년이 지난 뒤에도 여전히 공유되고 논란을 일으키고 있는데, 아마도 (의도적으로?) 동영상의 역설적인 설정이 그 이유 중 하나로 보인다.

유령 하나가 디즈니랜드의 '헌티드 맨션'에서 걸어 나와, 이용객들이 줄 서서 대기하는 장소를 떠나는 모습이 네 대의 보안용 모니터에 찍히고, 뉴올리언스 광장을 거닐다가, 결국에는 근처에 있는 물가(리버스 오브 아메리카)로 간다. 무음의 이 동영상은 조회 수가 약 300만에 이르렀고 수많은 블로그와 사이트에 공유되고 있다. 그래서 디즈니랜드 측의 영리한 광고라는 둥 월트 디즈니의 유령이 자신의 공원을 배회하고 있다는 둥 온갖 추측이 난무하고 있다.[13]

대부분의 유령 사냥꾼들은 열정적인 아마추어지만, 일부는 의사, 물리학자, 엔지니어, 통계학자 등 다양한 분야의 과학자들도 있다. 이 과학자들은 인류의 가장 오래되고 보편적인 미스터리 중 하나를 밝혀내기 위해 대학과 연구소에서 일하고 있다. 과거의 역사 자료를 분석하는 일부터 새로운 형태의 실험 장치를 고안하는 일까지 다양한 연구 방법을 활용한다. 다음은 대표적인 학설들이다.

암시의 힘

텔레비전 시리즈 〈X파일The X-Files〉에서 FBI 요원 폭스 멀더는 그의 책상 뒤 벽에 "나는 믿고 싶다I WANT TO BELIEVE"라는 슬로건이 박혀 있는 포스터를 붙여놓았다. 비록 멀더의 포스터에는 비행접시가 보이지만, 그것은 유령으로 보일 수도 있다. '암시의 힘'에 관한 연구에 따르면, 유령을 믿는 사람들이 회의론자들보다 초자연적 현상을 경험할 가능성이 더 높다는 것이다.

심령 연구가이자 정신 분석가인 낸더 포더는 심리학적인 관점으로 유령 현상을 분석한 최초의 연구자다. 1942년에 그는 "오래된 집의 오싹한 분위기는 자기 자신의 내적 갈등을 유령 현상에 무의식적으로 투영하고 극화한 것"라고 주장했다.[14]

1997년에 진행된 한 실험에서 스프링필드의 일리노이 대학교 연구원인 제임스 후란James Houran과 렌스 레인지Rense Lange는 22명의 피실험자를 오래된 극장으로 데려갔다.

피실험자 중 절반에게는 그곳에 유령이 나온다고 말했고, 나머지 절반에게는 보수 공사 중이라고 말했다. 실험에 참여한 사람들의 데이터를 모아 분석한 결과, 레인지와 후란은 "어떤 장소에 유령이 나타난다는 단순한 암시만으로도 사람들은 충분히 폴터가이스트와 같은 지각이나 감각이 만들어진다"라는 결론을 내렸다.[15] 이와 유사하게 심리학자 리처드 와이즈먼은 런던의 햄프턴 코트 궁전에서 일어나는 유령 현상을 연구했는데, 그는 유령을 믿는 사람은 의심하는 사람보다 암시의 영향을 받기 쉬울 뿐만 아니라 그들의 감각은 공포 영화에 자주 등장하는 종류의 무서워 보이는 장소에 초점을 맞추는 경향이 있다고 보았다.[16] 다른 연구에 따르면, 우리의 뇌는 지속적으로 의미와 설명을 추구하다 보니 임의의 소리나 사소한 일도 모두 '유령의 짓'으로 바꿔서 설명한다고 한다.

2009년에 전자기장과 초저주파를 이용해 인위적으로 유령이 출몰하는 방을 만들려고 시도한 사람들은 이렇게 결론 내렸다.

"결국 우리가 발견한 것은 암시의 힘이다."[17]

스트레스

여러 심리학 연구에 따르면 스트레스가 많은 상황에서는 주변의 자극에 훨씬 더 민감해진다. 이미 한 번 무언가에 놀랐던 사람은 그 자극에 대해 더 잘 알 것이다. 삐거덕거리는 소리나 덜

거덕거리는 소리는 새로운 공포를 불러일으키고 점점 더 마음이 불안해지게 만든다. 와이즈먼이 말했듯이 "이 과정에서 반복적으로 공포가 공포를 낳고 결국에는 초조함과 불안함이 높아져 감각이 극도로 예민해지고 환각 상태에 빠지게 된다."[18]

자기장

캐나다 온타리오주 서드베리에 있는 로렌시안 대학교에서 '신경신학neurotheology' 전문가인 마이클 퍼싱어Michael Persinger는 자기장과 두뇌 활동의 관계를 밝히는 실험을 진행해왔다. 가끔 '신의 헬멧God halmet'이라고 불리는 장치를 이용해 퍼싱어는 피실험자의 뇌에 약한 자기장을 쏜다. 그러면 피실험자의 약 80퍼센트는 어떤 형태로든 시각적 또는 청각적 환각을 경험하거나 심지어 신을 만나게 된다고 주장한다.

퍼싱어는 유령이 출몰한다고 알려진 집에서 높은 EMF(전자기 주파수)가 감지되었다고 말하면서, 실험실 연구에서 자기장과 초자연적 현상의 상관관계가 입증되었다고 믿는다. 하지만 자기장을 일으키는 환각에 예민해지는 건지, 아니면 자기장을 만들어내는 유령에 예민한 것인지 인과관계를 제대로 밝히지는 못했다.

스웨덴팀은 '이중 은폐double blind(주관성이 개입할 여지를 막기 위해 실험자와 피실험자 모두에게 실험에 관한 정보를 제공하지 않는 것-역자 주)' 방식으로 헬멧으로 자기장을 받은 사람과 아무것도 받지 않은 사람 사이에는 별 차이점이 없다는 사실을 밝혀냈다.

초저주파

초저주파는 20헤르츠 이하의 낮은 소리를 말한다. 이 범위의 소리는 사람의 귀에 들리지는 않지만 다른 신체 기관에는 영향을 줄 수 있다. 예컨대, 미국 우주항공국(나사NASA)의 연구에 따르면, 인간의 눈은 공진 주파수가 약 18헤르츠에 해당하는데 이는 이 주파수가 시각적 환각을 유발할 수도 있다는 말이다. 초저주파로 인해 전신이 진동하면 과호흡 증후군을 유발할 수 있다.

초저주파 실험 참가자들은 우울증과 현기증을 호소했고 심지어 물체들이 움직이는 것을 보았다고 한다. 연구원인 빅 탠디 Vic Tandy는 자신이 근무하는 건물에서 초저주파와 이례적인 경험 사이의 상관관계를 처음으로 발견했다. 그 건물에서는 유령이 출몰한다는 소문이 돌았는데 새로 설치한 환풍기에서 나오는 초저주파와 연관이 있었다.

탠디는 유령이 자주 출몰하는 바로 그 장소에서 19헤르츠의 초저주파가 발생한다는 사실을 알아냈다. 마침내 환풍기를 제거하자 '유령'도 함께 사라졌다.[19] 유령-음파 이론은 오래된 건물에서 잘 적용된다. 벽이 두꺼워 공명이 잘 일어나고 음파를 흡수할 가구도 거의 없다. 그런데 추가적인 실험에서 19헤르츠의 음파를 사람들에게 노출시켜보았지만 바라던 결과가 일어나지는 않았다.

측두엽간질

이러한 형태의 간질은 발작, 환각, 극렬한 감정 등을 일으킬 수 있다. 한번은 마이클 퍼싱어와 산드라 틸러가 평상시처럼 한 여성 환자의 뇌파를 스캔하고 있었다. 그때 환자는 병실에서 유령을 보았다고 했다. 의사들이 스캔 결과를 확인했는데 환자가 유령을 보았다고 한 바로 그때 왼쪽 측두엽의 활동이 현저하게 급증했다. 마누엘 바르케스 카룬초 박사는 19세기 작곡가 쇼팽도

쇼팽과 유령들, 그림엽서, 19세기

측두엽간질로 고생했을 것이라고 주장했다. 알려진 바로는 쇼팽은 피아노에서 기어 나오는 온갖 유령들을 목격했다고 한다.[20]

기타 신체 질환

수면 부족, 입면入眠 상태, 약물 그리고 일산화탄소 중독까지 모두 유령의 목격과 관련 있다. 잠들기 바로 직전의 반의식 상태인 '입면 상태(또는 완전히 잠이 깨기 전의 반의식 상태인 출면 상태)'에서는 뇌가 꿈의 세계로 들어가거나 나올 때 혼란에 빠질 수 있는

수면 마비(가위 눌림): 헨리 푸젤리, 〈악몽〉, 1782

데, 이것은 왜 잠자리 머리맡에서 유령이 자주 발견되는지 그 이유를 설명해준다. 이와 비슷하게 수면 마비 sleep paralysis(가위눌림)도 침실의 유령 목격과 함께 몸을 움직일 수 없는 이유를 설명한다.

우리가 꿈을 꿀 때는 (꿈속에서 하는 행동을 그대로 따라 하다가 다치는 것을 막기 위해) 근육이 마비되기 때문에, 렘REM 상태에서 갑자기 깨어나면 마비된 느낌이 들 수 있고, 꿈에서 갑자기 깨어나면 환각 상태에 빠질 수도 있다. 이러한 상태를 '늙은 마녀 신드롬Old Hag Syndrome'이라고도 불렀는데, 많은 사람이 잠자리에서 무서운 늙은 마녀를 목격했고 심지어 가슴이나 등 위에 올라탔다고 말하기 때문이다.

과학은 아직도 유령의 존재를 밝혀내지 못했을 뿐 아니라, 그러한 현상에 관한 만족할 만한 설명을 제공하지도 못했다. 유령 사냥은 지금도 계속되고 있다.

7

리처드 왕부터 〈파라노말 액티비티〉까지

: 문학, 영화, 대중문화에
등장한 유령

만약 근대의 허구적인 유령 이야기가 죽은 아버지가 햄릿을 찾아오고 유령들이 리처드 3세에게 "절망하고 죽으라"라고 촉구했을 때 시작되었다고 인정한다면, 앞에서 제기한 '유령'이라는 단어를 둘러싼 질문과 유사한 질문 한 가지가 더 떠오른다. 과연 우리는 '유령 이야기'를 어떻게 정의해야 하는가? 이는 쉬운 질문이 아니다.

피츠 제임스 오브라이언의 단편소설 『그것은 무엇이었을까?What Was It?』(1859)는 초기 유령 이야기의 사례로 분류되지만, 폐허가 된 수도원이 나오는 것도 아니고 복수를 열망하는 반투명의 존재가 등장하는 것도 아니다. 이 이야기는 어느 날 밤 보이지 않는 미지의 존재에게 공격을 받고 어딘가에 갇혀 죽어가는 한 남자에게 초점을 맞춘다. 마지막에는 남자가 자신의 하숙집 마당에 묻히는데, 이야기가 끝날 때까지 그 미스터리한 존재가 무엇이었는지 알지 못한다.

고전 괴담 선집에 거의 예외 없이 포함되는 F. 매리언 크로포드의 『105호 선실의 비밀The Upper Berth』(1886)은 죽지 않은 유령

〈고스터버스터즈〉(1984)에 등장하는 슬리머. 확실히 인기 스타가 되었다

이 아닌 어느 배의 선실을 떠도는 미스터리한 존재에 초점을 맞추면서 위와 같은 분류에 동의하지 않는 것처럼 보인다. 호러 장르 문학자이자 괴담 전문가인 S. T. 조시는 "유령 이야기 자체는 확장이나 독창성의 여지를 그렇게 많이 허용하지는 않는다"라고 지적했다.[1] 유령 이야기 작가로 M. R. 제임스는 무엇이 유령 소설을 좋은 작품으로 만드는지 몇 가지 구체적인 생각을 가지고 있다.

일반적으로 설정은 독자에게 매우 친숙해야 하고 등장인물이나 그들의 대화는 평범해야 한다. 12~13세기에 나온 유령 이야기는 낭만적이거나 시적이었다. 독자들은 '조심하지 않으면 이런 일이 나에게도 일어날 거야!'라는 생각까지는 하지 않았을 것이다. 또한 유령이 악심을 품거나 혐오감을 일으켜야 한다고 생각한다. 다정하고 친절한 유령은 동화나 민담에서 자주 등장하지만, 유령 소설에서는 별로 소용이 없다. 다시 말해, '오컬티즘(신비주의)'이라는 기술적인 용어는, 주의해서 다루지 않으면, 단순한 유령 이야기를 유사과학의 차원에 올려놓고, 상상력이 아닌 놀이 능력을 불러들이려는 경향이 있다.[2]

특이하게도 제임스는 이야기에 유령이 포함되어야 한다는 말을 하지 않았다(물로 그는 『105호 선실의 비밀』이 유령 이야기라고 언급하기는 한다). 아마 '유령'이라는 단어는 제임스가 쉽게 설명할 수 없는 모든 초자연적인 생물로 확장할 만큼 충분히 유연하게 정의했을 것이다. 이와 비슷하게 줄리아 브릭스는 자신이 자주 인용하는 『밤의 손님: 영국 유령 이야기의 흥망성쇠Night Visitors: The Rise and Fall of the English Ghost Story』에서 이렇게 말한다.

'유령 이야기'는 (…) 유령에 관한 이야기뿐만 아니라 신들림, 악마와의 거래, 죽은 자의 영혼이 아닌 구울ghoul(시신을 먹는 악귀), 흡혈귀, 늑대 인간, 도플갱어Doppelgänger에 관한 이야기를 의미할 수도 있다.[3]

유령의 역사를 다룬다는 책의 목적을 위해 여기서는 밤에 활동하는 다른 존재들이 아닌 바로 유령을 중점에 둔 이야기로 제한할 것이다. 고전 작품과 민담은 이미 앞에서 다루었으므로 이번 장에서는 1764년 이후의 문학 작품(이후에는 영화나 다른 예술 작품)에 등장하는 유령을 살펴볼 것이다.

다행히도 유령 이야기를 연구하는 역사가들과 비평가들은 이 날짜를 선택하는 데 동의한다. 유령 소설과 (유령이 주로 등장하는) 고딕 소설의 시작을 알린 작품인 호레이스 월폴의 소설 『오트란토 성』이 출간된 해이기 때문이다.

이 소설은 병약한 젊은 신랑이 하늘에서 떨어진 거대한 투구에 짓눌려 죽는다는 지극히 충격적이고 비현실적인 이야기로 시작된다. 그 이후 소설의 대부분이 성주城主인 만프레드는 그의 아들 콘래드가 미스터리한 투구에 의해 죽은 뒤에, 젊은 공주 이사벨라와 결혼하기 위해 음모를 꾸민다는 극단적인 계획을 이야기한다.

이사벨라의 아버지 프레데릭이 성에 도착했을 때 그는 만프레드의 딸 마틸다와 사랑에 빠진다. 하지만 무시무시한 유령은 그녀와 결혼하지 말라고 경고한다. 무릎 꿇고 기도하는 수도사의 모습으로 등장한 유령과의 만남은 아마도 이 소설에서 가장 소름끼치는 장면일 것이다.

"그 인물은 턱에 살이 없고 거의 해골의 모습을 하고 있으며 은둔자의 두건을 뒤집어쓰고 있었다."[4]

이런 이미지는 이 소설에서 거의 끝에 나오지만 수 세기 동안 공포 소설이나 고딕 소설에서 큰 영향을 미쳤다.

일반적으로 고딕 소설의 대가로는 앤 래드클리프가 꼽힌다. 시인 키츠와 같은 창작자들이 '어머니 래드클리프'라고 칭할 정도로 그녀는 큰 존경을 받았다. 그녀의 작품들은 200년 이상 꾸준히 출간되었다. 그중 최고의 걸작은 아마도 『우돌포의 비밀The Mysteries of Udolpho』(1794)일 것이다.

이 작품은 고딕 소설의 특징적인 요소의 대부분을 확립시켰다. 궁지에 몰린 여주인공, 사악한 귀족, 고결한 영웅, 여행담 그리고 유령도 물론 포함된다. 래드클리프의 노련한 기술은 여주인공의 하녀 아네트가 섬뜩한 만남을 묘사하는 다음 구절에서 확실하게 드러난다.

"저는 예전에 그 방에 관한 이상한 이야기를 들은 적이 있어요." 아네트가 말했다. "그런데 그것이 부인 방에 아주 가까이에 있었지만 저는 부인께 말하지 않았어요. 놀라실까 봐요. 하인들은 저에게 그게 바로 유령에 홀린 거라고 자주 자주 얘기해줬어요. 그래서 문을 꼭 잠가야 한다고요.

저는 그 방 앞을 지나갈 때마다 가슴이 두근거렸고 가끔은 그 방 안에서 이상한 소리가 들리는 것 같았어요. 그런데 복도를 통해 지나가고 있을 때, 아무 말도 생각하지 않았고 심지어 다른 날 밤 나리께서 이상한 목소리를 들으셨다는 말도 생각하지 않았는데, 갑자기 큰 빛이 다가왔어요. 뒤를 돌아보니 키 큰 형체가 있었습니다.

지금 제가 부인을 보고 있는 것처럼 그때도 저는 그것을 분명하게 봤습니다. 어떻게 설명해야 할지 모르겠지만, 그 키 큰 형체가 방으로 미끄러지듯 들어가는 거예요. 문은 늘 잠겨 있었는데 말이죠. 나리

말고는 아무도 그 방 열쇠를 가지고 있지 않고 문은 제대로 잠겨 있었어요."[5]

희한하게도 『이탈리아인The Italian』과 『숲속의 로맨스The Romance of the Forest』와 같은 다른 고딕 소설처럼 래드클리프의 작품 속에는 실제 유령이 등장하지 않는다. 대신 모든 유령 사건은 소설의 결말에 의해 합리적으로 설명된다. 아마도 래드클리프는 50년 후에 캐서린 크로우가 『자연의 밤』에서 비난한 "마지막 시대의 경멸적인 회의론"을 표현한 것일지도 모른다.

매튜 '몽크' 루이스는 유령 수녀가 특징적인 『수도사The Monk』(1796)라는 고딕 고전 작품의 작가로 잘 알려져 있다. 그런데 많은 평론가에게 유령 이야기와 고딕 문학에 그가 진짜 기여한 바는 『기이한 이야기들Tales of Wonder』(1801)이라는 선집의 편집자였다는 것이다. 이 선집의 제2권은 단편 유령 이야기의 발명가로 알려진 월터 스콧의 초기 작품이 수록되어 있어 더 유명해졌다.

선집에 수록된 스콧의 작품에는 발라드인 「성 요한 축일의 전야The Eve of Saint John」가 포함되어 있다. 죽은 기사가 유령이 되어 사랑하는 연인을 계속 찾아온다는 이야기다. 하지만 1831년 나온 「태피스트리가 걸린 방The Tapestried Chamber」은 최초의 작품은 아니지만 최초로 중요한 유령 이야기에 해당한다. 이 이야기의 두 번째 단락에서 스콧은 다음과 같이 언급하면서 자신의 작품을 거의 무시하는 듯 보인다.

"특별히 기적을 일으키는 이야기들은 인쇄되었을 때보다 입으로 전달할 때 더 강한 영향력을 발휘한다."[6]

스콧은 그 시기에 빠르게 확산되는 여러 '실화'들을 바탕으로 이야기를 만들어 제공한다. 이런 과정에서 유령 이야기의 형식이 대부분 형성되었다. 「태피스트리가 걸린 방」는 전쟁에서 집으로 돌아온 어느 장군이 오래된 우드빌 성에서 잠시 휴식을 취할 때 벌어진 이야기이다. 밤사이에 그는 깜짝 놀랄 일을 겪는다.

> 나는 실크 가운이 바스락거리고 여자가 높은 하이힐을 신고 걷는 듯한 소리를 듣고 갑자기 잠에서 깼다. 무슨 일이 일어나는 건지 보려고 커튼을 젖히기도 전에 나는 침대와 난로 사이를 지나가는 작은 여인의 형체를 보았다. 이 형체의 뒷모습이 보였는데 나는 어깨와 목 부분을 보고서 옛날 풍의 드레스를 입은 노파라는 사실을 알게 되었다.[7]

여인이 돌아섰을 때 그녀의 얼굴은 마치 사악한 시체처럼 보였다. 용감한 군인조차도 몸이 덜덜 떨렸다. 그날 이후 장군은 자신이 본 여인의 초상화를 발견했는데, 그 집 주인은 여인이 사악한 범죄를 많이 저지른 '끔찍한 조상'이라고 털어놓았다.

학자들은 1840년부터 1920년까지를 유령 이야기의 황금기로 본다. 강신술이 흥행하던 시기와 겹친다는 점은 결코 우연이 아닐 것이다. 만약 우리가 유령 이야기를 쓰지 않은 에드거 앨런 포를 배제한다면(물론 일부 평론가들은 그의 단편 「라이지아Ligeia」를 놓고 유령 이야기인지 아닌지에 관한 의견이 분분하다), 이 새로운 황금기의 최초의 위대한 작가로 J. 셰리단 레파뉴를 들 수 있다.

레파뉴는 1871년에 출간된 중편소설 『카밀라Carmilla』 덕분에 흡혈귀 이야기의 창시자로 여겨진다. 그는 또 「언지어 스트리트Aungier Street」(1853)라는 작품 때문에 하위 장르를 발전시킨 노련한 유령 이야기 공급업자가 되기도 했다. 이야기의 첫 문장은 유령 이야기는 입으로 전달하는 것이 더 낫다는 스콧의 주장을 그대로 반영하고 있다.

"나의 이야기는 적어도 글로 쓰는 것보다 입으로 전달하는 것이 낫다."[8]

이 이야기는 (임대료 없는) 버려진 집에서 사는 두 명의 젊은이가 등장한다. 레파뉴는 오래된 흉가를 이용해 무시무시한 분위기를 풍기는 방식을 능숙하게 보여준다.

> 지금까지는 건물의 세부 사항을 활용해 작업하는 경우가 거의 없었다. 벽과 천장에, 문과 창문의 형태에, 굴뚝에, 대들보와 거대한 처마에 기이하고 오래된 무언가가 있기 때문에 그래서 더 좋았다. 난간부터 창틀까지 모든 목조부의 단단한 느낌은 오래된 흉가의 분위기를 더 여실히 보여주었다.[9]

이 이야기에는 스콧의 「태피스트리가 걸린 방」에서 주인공이

말리의 유령 출몰을 묘사한 동판화, 찰스 디킨스의 『크리스마스 캐럴』에 수록, 1843년 존 리치 그림

유령의 방에서 초상화를 힐끗 보는 장면이 반영되었다. 하지만 스콧의 이야기와는 다르게 이 레퍄뉴의 이야기에는 긴장감과 분위기를 설정하는 데 한층 더 신중했다.

1843년 단편적인 사건들로 이루어진 드라마로 유명한 어느 소설가가 19세기만이 아닌 모든 시대를 통틀어 가장 유명한 유령 이야기를 써냈다. 바로 찰스 디킨스의 『크리스마스 캐럴』이다. 물론 가장 사랑받는 크리스마스 이야기이면서 사회의 경제적 불평등과 인간의 탐욕을 그려낸 작품이기도 하다. 어느 크리스마스 밤에 구두쇠 스크루지가 다양한 유령을 만난다는 줄거리는 자세히 설명할 필요는 없지만, 스크루지의 예전 동료였던 말리의 유령은 다시 살펴볼 만하다.

유령은 끔찍한 울음소리를 내고 소름끼치는 소리가 나는 쇠사슬을 흔들었다. 스크루지는 기절해 넘어지지 않으려고 의자를 꼭 붙잡았다. 그런데 유령이 실내가 너무 더워서 머리에 붕대를 풀자 아래턱이 가슴까지 내려왔다! 이를 본 스크루지는 이루 말할 수 없을 정도로 경악을 금치 못했다.[10]

이 장면을 2,000년 전 쇠사슬을 덜거덕거리는 유령의 모습과 비교해보라. 19세기 후반에는 유령 이야기가 온갖 대중 잡지와 값싼 책에 도배되었는데, 그중에 윌키 콜린스, 샬롯 리들, 버넌 리(바이올렛 파젯)가 쓴 이야기가 눈에 띄었다. 19세기 말에는 뛰어난 작품이 등장했는데, 바로 헨리 제임스의 중편소설인 『나사의 회전The Turn of the Screw』(1898)으로 심리학적인 통찰과 애매모호한 사건들을 유령 이야기에 결합시켰다.

두 아이 마일즈와 플로라를 가르치는 이름 없는 여자 가정교사의 이야기는 아동 성추행과 성적인 긴장에 대한 암시로 가득하다. 두 아이는 예전 가정교사인 제셀과 그의 애인 피터 퀸트의 유령들에게 괴롭힘을 당한 것으로 보인다. 이 중편소설은 초기 작품의 이름을 최초로 직접 언급한 것으로도 유명하다.

"블라이의 '비밀'이 있었나요? 우돌포의 비밀이 있었나요? 아니면 언급할 수 없는 친척이 감금되어 있었나요?"[11]

새로운 세기가 도래하면서 유령 이야기를 만들어내는 장인들이 새로운 결실을 거둬들였다. 아서 맥킨, 에디스 와튼, 월터 델라메어, 메리 윌킨스 프리먼, 올리버 어니언스, 던세이니 경, 앰브로즈 비어스, 알제논 블랙우드, M. R. 제임스는 모두 오늘날까지도 독자들이 즐겨 읽는 작품을 탄생시켰다. 하지만 1920년이 되자 유령 이야기는 정체기에 들어섰다. 강신술이 점차 사라지고 있었고, 사람들은 책보다 영화로 유령의 흐릿한 그림자를 목격하는 걸 선호하는 듯 보였다.

1930년대부터 1950년대까지 싸구려 통속 소설pulp fiction 작가들은 이따금 유령 이야기를 쓰긴 했지만, H. P. 러브크래프트와 로버트 E. 하워드와 같은 작가들은 고대 신들의 우주적 공포나 영웅의 판타지에 더 관심이 있었다. 『인간을 넘어서More Than Human』와 같은 SF 고전 작품으로 잘 알려진 시어도어 스터전은 1941년 단편 소설 『쇼틀 밥Shottle Bop』을 썼다. 이 작품은 판타지

싸구려 통속 소설 속 유령: 『에이본 고스트 리더』(Avon Ghost Reader, 1946)의 표지

소설의 하위 장르인 '오드 쇼프odde shoppe'의 시작을 알렸을 뿐만 아니라 유령을 볼 수 있는 사람은 사고로 절단된 유령의 신체 일부분도 볼 수 있다는 설정을 제시했다.

1959년에는 많은 사람이 역사상 가장 위대한 유령 이야기로 꼽는 소설이 등장했다. 셜리 잭슨의 『힐 하우스의 유령The Haunting of Hill House』 초반에서 작가는 예전에 다른 작가들이 시도한 적 없는 방식으로 유령의 집에 깃든 불안감과 외로움을 포착해낸다.

> 어떤 살아있는 생물체도 절대적인 실재 아래에서는 오랫동안 제대로 존재할 수 없다. 심지어 종달새나 여치조차도 꿈속에서나 볼 수 있는 존재로 여겼다. 온전치 못한 힐 하우스는 언덕 위에 홀로 서서 어둠을 품고 있었다. 그 건물은 80년 동안 그렇게 서 있었고 앞으로 80년 동안 더 서 있을 것이다. 건물 안에는 벽이 계속 똑바로 서 있고, 벽돌들이 깔끔하게 맞닿아 있고, 바닥은 단단하고, 문은 확실히 닫혀 있었다. 힐 하우스의 나무와 돌은 침묵을 유지하고 있고 그곳을 걷는 것은 무엇이든 홀로 걸었다.[12]

약 60년 전 헨리 제임스가 『나사의 회전』에서 그랬던 것처럼, 잭슨은 초자연적인 사건들에 직면한 불안한 여성의 심리적 초상을 유령 이야기에 반영했다. 『힐 하우스의 유령』은 초자연적인 현상에 대한 과학적 연구를 최대한 활용한 최초의 책이기도 했다. 이 책에서는 한 과학자가 두 명의 '예민한' 사람과 젊은 집주인과 함께 초자연적인 현상의 증거를 찾기 위해 그 집에 들어가 산다.

잭슨은 어느 날 아침 그녀의 책상에서 수수께끼 같은 메모를 발견한 뒤에 책을 썼다. 그 메모는 단순히 '죽음, 죽음'이라고 쓰여 있고 이 메모를 본 다음 잭슨은 이렇게 말했다.

"나에게는 선택의 여지가 없었다. 유령들이 나를 찾고 있었다."[13]

이 책은 전미 도서상National Book Awards 후보에 올랐고 "역사상 가장 위대한 유령의 집 이야기"로 평가받았다.[14]

작가인 리처드 매더슨은 유령의 집에 관한 책을 쓰고자 마음먹었을 때 이미 저명한 소설가였다(1954년에 모든 좀비 책의 할아버지 격인 『나는 전설이다I Am Legend』라는 소설을 썼다). 그는 잭슨의 『힐 하우스의 유령』에서 영감을 얻었고, 개인 서재에 유령에 관한 많은 책을 소장할 만큼 실제 유령 이야기를 좋아했다.

1971년에 그는 이러한 관심을 바탕으로 『헬 하우스Hell House』라는 소설을 썼는데, 과학 연구자들과 영매들로 이루어진 팀이 으스스한 벨라스코 맨션을 조사한다는 스토리다. 매더슨의 소설은 유령 이야기 공식에 '섹스'와 '유혈'을 상당 부분 추가했다. 물론 매더슨은 인터뷰에서 이렇게 주장했다.

"이 책에서 나오는 사건들 중에는 제가 만들어낸 것이 없습니다. 모두 전 세계에 있는 다양한 유령의 집에서 일어난 사건들

입니다."

또한 그는 볼리 목사관 이야기(3장을 보라)에서 나오는 사건들을 가져왔고, 집의 물리적 배치는 허스트 캐슬에서 영감을 얻었다.[15]

1970년대에는 『엑소시스트』나 〈죠스Jaws〉 등의 책과 영화가 성공을 거두면서 공포 장르의 인기가 폭발했다. 1974년 캐리라는 염력을 지닌 십대에 관한 소설로 처음 성공을 거둔 소설가도 인기에 한몫했다. 『힐 하우스의 유령』이 평론가들이 선호하는 가장 위대한 유령 소설이라면, 스티븐 킹의 세 번째 소설 『샤이닝』(1977)은 대중에게 가장 인기가 있는 소설이었다. 앞서 3장에서 살펴보았듯이, 이 소설의 이야기는 콜로라도 로키스에 있는 오래된 리조트 호텔인 스탠리 호텔에 스티븐 킹과 그의 부인 타비사가 머물게 되면서 탄생했다. 그 호텔은 성수기가 끝나고 눈이 많이 오는 추운 겨울이 되자 손님이 거의 없었다. 당시 스티븐 킹 부부가 유일한 손님이었다.

킹은 부인과 머물던 217번 방에서 기이한 일을 수없이 겪었다. 다음 날 아침 그는 스토리의 기본적인 줄거리를 잡았다. 알코올 중독에서 회복 중인 잭 토랜스라는 주인공이 한 리조트 호텔의 관리인을 일하게 되면서 사건이 벌어지는 이야기였다. 잭은 아내 웬디와 어린 아들 대니를 호텔로 데려왔다. 거기서 가족들은 봄이 올 때까지 바깥 세계와 아무런 접촉도 하지 못한다.

대니는 오버룩 호텔의 있는 모든 유령을 볼 수 있는 초능력인

'샤이닝'을 소유하게 된다. 유령들 때문에 잭은 술 없이 맨 정신으로 보내기 어려워 점점 더 고통스러운 겨울을 보낸다. 스티븐 킹은 대니가 욕조에서 일어나는 죽은 여자를 목격하는 장면을 묘사했는데, 지금까지도 문학에서 가장 본능적이면서도 자주 묘사되는 장면으로 남아 있다.

> 욕조에 있는 여자는 죽은 지 오래되었다. 몸이 부풀어 오르고 보랏빛을 띠었다. 가스가 가득 찬 배는 얼음으로 덮인 차가운 물 위로 섬처럼 올라와 있었다. 크고 구슬 같은 두 눈은 대니를 똑바로 쳐다보고 있었다. 보라색 입술은 뒤로 당겨져 찡그린 표정이었다. 가슴은 축 늘어졌다. 음모는 물에 떠 있었다. 욕조 양 옆에 올라와 있는 손은 게의 집게발처럼 얼어 있었다.[16]

『샤이닝』이 나오고 2년 뒤에 피터 스트로브는 찬사를 받은 『고스트 스토리Ghost story』라는 소설로 유령 이야기를 복수를 열망하는 유령의 영역으로 전환시켰다. 이 소설에서는 등장인물들이 서로에게 이렇게 묻는다.

"지금까지 당신이 경험한 최악의 일은 무엇입니까?"

스티븐 킹의 외적인 면을 강조하는 유령 묘사와는 대조적으로 피터 스트로브가 묘사하는 유령은 분노에 가득 차 있지만 한편으로는 불쌍하다.

그의 어머니는 생기를 잃었고 절망적이게도 공허했다. 그녀는 필요할 때만 생기를 찾는 듯 보였는데, 그 필요도 전혀 느끼기 어려울 정도였다. (…) 피터는 울기 시작했다. 그들은 무서운 게 아니라 괴기스러웠다. 그들은 그의 창 아래 서서 진이 빠진 채 마치 꿈을 꾸는 것 같았다.[17]

피터 스트로브와 스티븐 킹의 책들이 나온 이래로 몇 년 동안 연쇄살인범과 좀비가 공포 소설 시장을 장악한 듯 보였지만, 여전히 유령 이야기를 연구하고 확장시킨 작가들이 있었다. 마크 Z. 다니엘레프스키의 『나뭇잎의 집House of Leaves』(2000)은 각주와 특이한 레이아웃을 포함해 실험적인 형식을 도입했고, 출간되자마자 열광하는 팬들이 생겼다.

앨리스 시볼드의 뜻밖의 베스트셀러인 『러블리 본즈The Lovely Bones』(2002)는 살해당한 십대 소녀가 살아있을 때의 삶과 가족에 대해 언급하는데, 여기서 비종교적인 사후 세계의 묘사가 강신술사들에게 호응을 얻었다. 사라 랭건의 수상작 『오드리의 문Audrey's Door』(2009)은 페미니스트적 감성과 도시적 감성을 검증된 장르에 도입했다. 유령은 몇몇 인기 있는 새로운 장르와 하위 장르에서도 두드러지게 등장했다. 파라노말 로맨스paranormal romance 장르는 고딕 로맨스 공식에 에로티시즘(과 유령)을 더욱 추가했다.

어반 판타지urban fantasy는 유령과 갈등을 일으키거나 유령에

멜리에스의 영화 〈악마의 저택〉(1896)에 등장하는 유령들

게 도움을 받거나, 아니면 유령과 로맨스로 엮이는 강인한 여자 주인공이 등장한다. 『해리 포터Harry Potter』의 J. K. 롤링과 『유령의 견습생The Spook's Apprentice』의 조셉 델라니 등으로 대표되는 영어덜트 판타지young adult fantasy는 유령을 자유롭게 활용한다. 위어드 웨스턴wird western은 유령, 마법, 기타 초자연적인 특징들을 옛 서부의 청부 살인자와 섞는다. 그래픽 노블 『스펙터와 고스트 라이더The Spectre and Ghost Rider』는 유령 슈퍼히어로에게 새로운 활력을 불어넣는다. 일본어 '망가マンガ, 漫畵'가 영어로 번역되었듯이, 미국 관객들은 『고스트 토커의 백일몽Ghost Talker's Daydream』과 같은 시리즈나 작가이자 미술가인 히노 히데시의 섬뜩하고 사

회적 의식이 있는 작품 『지옥의 파노라마Panorama of Hell』를 발견했다.

문학에서 유령이 어둡고 소통이 어려운 존재에서 심리적으로 관찰되고 깊이 탐구되는 존재로 진화했다고 볼 수 있다면, 영화에서 유령은 수다스럽고 도시적인 존재에서 폭력적이고 말이 없는 자연의 힘으로 진화했다고 볼 수 있다.

특수 효과의 아버지라 불리는 프랑스의 감독이자 마술사 조르주 멜리에스가 최초로 유령 영화를 만들었다. 이 사실을 통해 영화 분야에서 유령의 미래가 어떨지 가늠해볼 수 있다. 그의 단편 영화인 〈악마의 저택Le Manoir du Diable〉(1896)은 최초의 영화로 알려진 〈리옹 공장을 나서는 노동자들La Sortie de l'usine Lumière à Lyon〉이 제작된 뒤에 단 2년 만에 만들어졌다.

멜리에스의 대부분 초기 영화와 마찬가지로 〈악마의 저택〉은 한 마술사가 자신의 속임수(주로 배우들이 갑자기 나타나거나 사라지는 식으로 구성)를 새로운 매체를 통해 기발하고 쾌활한 방식으로 보여준다. 줄거리는 단순하다.

두 명의 여행자가 우연히 악마의 저택에 들어가게 되는데, 악마가 박쥐, 도깨비, 마녀, 유령 등을 불러 두 여행자를 공격하고 혼란에 빠뜨린다는 내용이다. 멜리에스가 만든 수백 편의 영화 중 하나인 〈악마의 저택〉은 1988년까지 뉴질랜드 필름 아카이브New Zealand Film Archives에서 사본을 발견하기 전까지는 분실되었다고 생각했다. 이제 영화 역사가들은 이 영화를 최초의 유령 영화이자 공포 영화로 평가한다.

유니버설Universal 스튜디오에서 제작한 공포 영화는 1923년 〈노틀담의 꼽추Hunchback Of Notre Dame〉를 시작으로 1930년대에는 〈프랑켄슈타인Frankenstein〉, 〈드라큐라Dracula〉, 〈미라The Mummy〉와 같은 고전이 만들어지면서 정점에 이르렀는데, 이상하게도 유령 영화는 제작한 적이 전혀 없다. 그나마 유령 영화에 가장 가까웠던 작품은 블랙 코미디인 〈올드 다크 하우스The Old Dark House〉(1932)였다. 이 영화에는 고립되고 음울한 저택이 등장한다. 두 젊은 여행객이 피신처를 찾아 이 저택에 오지만 이곳은 인간의 적대자들로 가득하다.

1930년대 후반부터 1940년대까지 영화 산업에서 유령의 인기는 높았다. 당시 유령은 대부분 코믹하거나 로맨틱한 주인공이 되었다. 실제로 〈천국의 사도 조단Here Comes Mr Jordan〉(1941)과 〈두 세계 사이에서Between Two Worlds〉(1944)와 같은 영화는 분위기가 너무 밝아서 영화학자 피터 발렌티는 이 영화들을 '느와르 영화film noir'와 반대되는 의미로 '블랑 영화film blanc'라고 특징지었다.

"블랑 영화는 현대 미국인들이 물리적 세계의 삶과 영적 세계의 죽음 또는 다른 상태 사이에 있는 황혼 지대로 여행한 다음 현실 세계로 성공적으로 돌아오는 모습을 보여준다."[18]

이 시기의 다른 유령 영화들, 특히 〈토퍼Topper〉 시리즈(1937년

영화 〈언인바이티드〉(1944)의 오리지널 포스터

〈토퍼〉로 시작)와 〈유령과 뮤어 부인〉(1947)은 코미디나 로맨스로 기울었다.

여러 면에서 〈언인바이티드〉(1944)는 최초의 진정한 유령 영화였다. 이 영화는 유령 문학 독자들이 인정할 만한 스토리를 특징으로 내세웠다. 두 형제 릭(렐 밀렌드 분)과 파멜라(러스 허시 분)는 콘월 해안의 바위 절벽에 위치한 오래된 저택 '윈저 하우스'를 구입했다.

콜드 스폿, 불가사의한 바람, 누구 것인지 알 수 없는 흐느끼는 목소리를 경험한 뒤에 릭과 파멜라는 자신들의 새 집에 유령이 있다는 사실을 깨닫는다. 어쨌든 유령의 출몰은 어린 스텔라(게일 러셀 분)에게 집중되는데, 그녀의 죽은 어머니가 바로 윈저 하우스에 나타나는 유령이다.

스텔라의 과거와 관련된 미스터리는 해결되고 마침내 릭은 스텔라의 어머니 유령과 정면으로 마주한다. 그렇게 해서 더 이상 윈저 하우스에는 유령이 출몰하지 않게 된다.

이 영화는 이후에 나오는 영화들과 비교하면 무서움은 덜하지만, 마틴 스코세이지와 같은 영화감독들에게 영향을 미쳤다. 스코세이지는 이 영화가 세상에서 가장 무서운 11편의 영화 중 하나라고 말했고, "톤이 매우 섬세하고, 두려움의 감정이 영화의 설정이나 등장인물의 성격과 잘 어우러져 있다"라며 극찬했다.[19]

1950년대의 공포 영화는 거대한 괴물이나 위협적인 외계인을 다루는 경향이 더 강했지만, 이 시기에 현대 영화 애호가들에게 무서운 기억으로 남을 유령 영화 한 편이 제작되기도 했다.

1959년에 개봉된 윌리엄 캐슬의 〈헌티드 힐House on Haunted Hill〉이다. 백만장자로 나오는 빈센트 프라이스는 다섯 명의 손님에게 유령이 나오는 집에서 하룻밤을 보내는 도전을 제안한다. 이 영화는 '유령의 장난ghost-hoax'이라는 하위 장르의 고전적인 사례가 될 것이다. 이 장르에서는 여러 징후들과 사건들이 마지막에는 정교하게 연출된 거짓으로 드러난다.

영화 홍보의 달인으로도 유명한 윌리엄 캐슬은 〈헌티드 힐〉이 개봉했을 때, 영화관 천장에 철사로 플라스틱 해골을 매달았다. 이 영화는 유령의 집으로 흔치 않은 촬영지를 선택한 것으로도 유명하다. 미국의 건축가 프랭크 로이드 라이트Frank Lloyd Wright의 유명한 에니스 하우스Ennis House에서 건물 외관을 배경으로 촬영했다.

1960년대 초반에는 지금까지 제작된 공포 영화 가운데 매우 훌륭한 영화 두 편, 잭 클레이턴의 〈이노센트The Innocents〉(1961, 〈나사의 회전〉을 기반으로 제작)와 로버트 와이즈의 〈더 헌팅The Haunting〉(1963, 〈힐 하우스의 유령〉을 기반으로 제작)이 개봉되었다(둘 다 소설 작품을 기초로 한다는 것은 결코 우연이 아니다).

두 영화 모두 여자 주인공의 섹슈얼리티를 탐구했고, 단순한 효과와 사악한 분위기에 의존했다. 물론 둘 다 개봉 당시 어느 정도 흥행에 성공했으며 둘 다 역사상 가장 무서운 영화로 손꼽히고 있다. 〈더 헌팅〉은 특히 공포 영화 장르에 지대한 영향을 미친 작품이라는 위상을 얻었다.

1970년대에는 서점가에서 공포물의 인기가 폭발하고 있을 때, 유령 영화 한 편이 유일하게 큰 성공을 거두었다. 제이 앤슨의 책을 기초로 만든 〈아미티빌의 저주Amityville Horror〉(1979)였다. 제임스 브롤린James Brolin과 마고 키더Margot Kidder가 곤경에 처한 러츠 부부 역을 맡은 이 영화는 평론가들에게는 혹평을 받았지만 대중에게는 호평을 받았다. 〈아미티빌의 저주〉와 관련된 영화가 무려 15편이나 개봉했을 만큼 영화사史에서 가장 많이 제작된 '유령 프랜차이즈'다.

평단이나 대중에게 호평을 받지는 못했지만 여기서 언급할 만한 1970년대 영화가 한 편 더 있다. 원작 소설인 리처드 매더슨의 『헬 하우스Hell House』를 개작한 〈헬 하우스의 전설The Legend of Hell House〉(1973)이라는 영화다.

매더슨이 직접 영화 대본을 썼는데, 안타깝게도 책에 나오는 섹스나 폭력 장면은 눈에 띄게 줄였고, (약간 뻔한) 기본 줄거리만 남겼다. 하지만 초반에 무아지경 상태에서 엑토플라즘을 만들어내는 영매(파멜라 프랭클린이 연기함) 장면이 나와 흥미를 불러일으키기도 한다.

1980년대에 영화계는 '슬래셔 영화slasher film'라는 새로운 하위 장르가 넘쳐났다. 이런 영화에는 전형적으로 비명을 지르고 성욕이 지나친 십대들을 뒤쫓는 완강한 적대자가 등장한다(그리고 결단력과 지각이 있고 문란한 섹스를 거절한 덕분에 살아남는 '최후의

영화 〈이노센트〉(1961)의 포스터

여주인공'이 있다). 슬래셔 영화가 과거의 유령 이야기를 대부분 답습했다는 주장은 전혀 타당하지 않다.

이 영화는 순전히 분노에 휩싸여 행동하고, 잘못된 일에 복수하고, 통제하기가 거의 불가능한 반영웅anti-hero이 등장했다. 크게 성공한 슬래셔 시리즈인 〈나이트메어A Nightmare On Elm Street〉의 경우에 살인자는 자신을 죽인 사람들의 자녀들 꿈(고전전인 유령 이야기의 장치)에 나타난 유령이었다. 물론 좀 더 전통적인 유령 영화도 여전히 만들어지고 있었다.

1980년과 1981년에 세 편의 영화가 당시 소설을 바탕으로 제작되었다. 각 영화의 제목은 〈샤이닝〉, 〈고스트 스토리〉, 〈디 엔터티〉이다. 아마도 이 가운데 가장 덜 성공한 영화는 두 번째 작품일 것이다. 피터 스트로브의 동명 소설을 존 어빈 감독이 각색했다.

평론가 빈센트 캔비는 "너무 희미한 즐거움"이라며 비웃었다.[20] 1982년까지 개봉이 연기된 〈디 엔터티〉는 프랭크 드 펠리타의 소설을 각색해 만든 작품이다(바바라 허쉬의 탁월한 연기도 돋보인다). 이 소설은 UCLA의 초심리학 연구소에서 연구한 도리스 비터 사건에 기초했다(3장을 보라). 스코세이지는 이 영화를 그의 '세상에서 가장 무서운 영화' 리스트에 포함시키면서 다음과 같이 극찬했다.

"캘리포니아의 현대식 건물이라는 평범한 설정이 오히려 우리

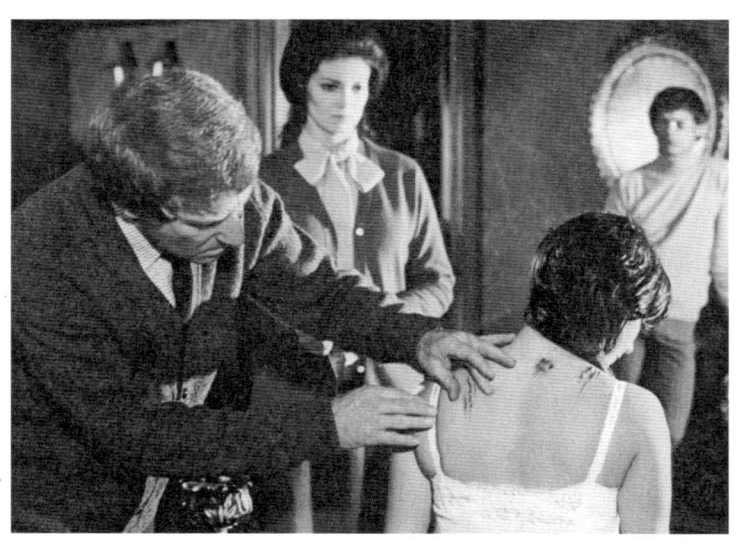

영화 〈헬 하우스의 전설〉(1973)에서 바렛(클리브 레빌 분)이 상처를 확인하는 장면

의 불안감을 자극했다."[21]

스탠리 큐브릭Stanley Kubrick은 스티븐 킹의 『샤이닝』을 각색했는데, 이를 두고 논란이 크게 일어나면서 좋아하는 사람들과 싫어하는 사람들로 나뉘었다. 영화 평론가 로저 에버트는 이 영화에 최상 등급을 매겼지만 "이 영화는 유령이 아니라 광기를 다룬다"라고 말했다.[22] 반면 인터넷 사이트 '버라이어티Variety'에서는 이 영화를 다음과 같이 혹평했다.

"니콜슨은 미쳐갈수록 더 멍청해지는 것 같다. 셜리 듀발은 책에서는 따뜻하고 다정한 아내였는데, 영화에서는 히죽히죽 웃고 지능이 부족한 히스테리 환자가 되었다."[23]

스티븐 킹 자신도 이 영화를 싫어하는 것으로 유명하다. 큐브릭과 전화 통화도 나눴는데, 그는 왜 자신이 유령 이야기를 무서워하지 않는지 설명했다고 한다.

"저는 초자연적인 이야기는 근본적으로 낙관적이라고 생각하는데, 그렇지 않나요? 만약 유령이 있다면 그것은 우리가 죽음에서 살아남는다는 것을 의미합니다."[24]

그런데 2013년 어느 연구에서 공포 영화 시청자의 실제 심박수를 측정하는 여론 조사를 진행했는데, 샤이닝의 "자니가 왔다 Here's Johnny!" 장면에서 시청자들은 가장 놀랐다고 한다(맥박 속도가 28.2퍼센트나 껑충 뛰었다).[25]

1982년에 개봉된 〈폴터가이스트〉는 유령 영화에 새로운 특수 효과 기술을 도입해 역사상 가장 영향력이 있는 작품이 되

영화 〈폴터가이스트〉(1982)에서 보여주는 극한의 초자연적 현상

었다. 교외에 사는 가족들이 겪는 유령 현상에서 느껴지는 에너지와 긴장감에 평론가들은 박수를 보냈고, 관객들도 역동적이고 현란한 특수 효과가 마찬가지로 (또는 훨씬 더) 매력적이라고 생각했다.

스타워즈가 영화의 특수 효과를 재정의한 지 5년 뒤에 유령 이야기에 영화적 속임수를 적용하는 것은 성공을 위한 확실한 공식이 되었다. 〈폴터가이스트〉는 1982년 한 해 최고의 수익을 올린 공포 영화가 되었다.

그로부터 2년 뒤에 우리가 6장에서 보았듯이 전혀 다른 종류의 유령 영화가 영화계를 넘어 널리 영향을 미쳤다. 〈고스트버

영화 〈고스트버스터즈〉(1984)에서 유령에 홀린 다나(시고니 위버 분)와 루이스(릭 모라니스 분)

스터즈〉는 〈비틀쥬스Beetlejuice〉(1988)와 같은 유령 코미디 장르를 위한 길을 열었다. 이뿐만 아니라 현실 유령 사냥에 대한 폭발적인 관심을 일으키는 촉매제가 되었다. 실제로 리얼리티 텔레비전 쇼와 유령 관광이 엄청나게 성공했다. 고스트버스터즈는 속편, 만화 시리즈, 장난감과 수집품 등에서 이른바 대박을 쳤다. 2016년에는 모두 여자로 구성된 고스트버스터즈 팀이 유령 사냥에 나섰다.

1990년에 〈사랑과 영혼Ghost〉은 그해 최고의 수익을 올렸을 뿐만 아니라 아카데미상 최우수작품상 후보에 올랐다. 패트릭 스웨이지는 동명의 남자 주인공이고, 데미 무어는 위험에 처한 그

영화 〈사랑과 영혼〉(1990)에서 유령인 샘(패트릭 스웨이지)이 영매인 오다 매(우피 골드버그 분)를 바라보고 있는 장면

의 여자 친구로 나온다. 그래서 남자 주인공은 여자 친구를 도우려 한다. 우피 골드버그는 자신이 가진 기술에 놀라 마지못해 영매가 되는 역할로 나온다.

영화는 뉴에이지 형이상학(옛날의 강신술)에 로맨스와 서스펜스를 혼합했다. "마음속의 사랑은 영원히 간직할 수 있어"와 같은 대사는 전 세계 관객들의 사랑을 받았다. 〈사랑과 영혼〉은 2011년과 2012년에 런던과 브로드웨이에서 뮤지컬로 공연되기도 했다.

1990년대 말이 되면 유령은 예전처럼 무서운 존재로 변했다. 특히 1999년에 개봉된 두 영화에서 잘 나타난다. 〈식스 센스The

Six Sense〉는 초능력을 가진 어느 소년(할리 조엘 오스먼트 분)과 그를 돕는 동정심 많은 상담사(브루스 윌리스 분)의 이야기가 진지한 드라마의 형태로 그려진다.

〈블레어 윗치The Blair Witch Project〉라는 파운드푸티지found footage('발견된 영상'이라는 의미로, 실재 기록이 담긴 영상을 발견해 관객에게 보여주는 것을 가장한 페이크 다큐멘터리-역자 주) 장르의 영화는 2만 5,000달러 미만의 저예산으로 만들어 전 세계적으로 2억 5,000만 달러를 벌어들인 엄청난 영화였다. 이 영화는 실종된 세 명의 학생 영화 제작자들이 만든 비디오테이프라고 설정하고, 그 십대들이 다큐멘터리를 만들기 위해 유령이 출몰하는 숲으로 모험을 떠나는 모습을 보여준다.

영화 제작자인 다니엘 미릭Daniel Myrick과 에두아르도 산체스Eduardo Sanchez는 세 명의 무명 배우를 발탁하고 이들에게 비디오카메라를 쥐어주면서 메릴랜드의 세네카 크릭 주립 공원에서 8일 동안 지내게 했다. 배우들은 직접 영화를 촬영했을 뿐만 아니라 즉흥적으로 연기를 했다. 이 영화는 평론가들에게도 호평을 받았지만, 무엇보다 개봉을 앞두고 인터넷 마케팅을 통해 큰 화제를 일으켰기 때문에 놀라운 성공을 거둘 수 있었다.

2000년대에 공포 영화는 고문과 사디즘을 강조한 피비린내 나는 '고문 포르노torture porn'가 지배했다. 한동안 미국의 유령 영화는 〈링The Ring〉, 〈그루지The Grudge〉, 〈검은 물 밑에서Dark Water〉 등 일본의 성공작을 리메이크하는 데 그치는 듯 보였다. 심지어

영화 〈식스 센스〉(1999)에서 예민한 콜 시어(할리 조엘 오스멘트 분)가 크로우 박사(브루스 윌리스)에게 위험한 진실을 이야기하는 장면

2001년에 개봉한 〈디 아더스The Others〉도 니콜 키드먼과 같은 영어권 배우들이 출연한 스페인 영화였다. 또한 상당 부분 소설 『나사의 회전』에서 모티브를 얻었다.

2000년대 후반에는 박스 오피스에서 '고문 포르노'가 줄어들었고, 〈메신져-죽은 자들의 경고The Messengers〉, 〈파라노말 액티비티Paranormal Activity〉, 〈더 헌팅 인 코네티컷The Haunting in Connecticut〉, 〈인시디어스Insidious〉, 〈컨저링Conjuring〉과 같은 유령 영화들이 개봉되어 엄청난 수익을 올렸다. 〈우먼 인 블랙The Woman in Black〉(2012)은 주로 원작 소설 때문에 다른 영화들과는 차별화되었다. 이 영화는 호평 받는 수전 힐의 중편소설을 원작으로 삼았을 뿐 아니라(초기에 나이젤 닐이 텔레비전 드라마로 각색했고, 오랫동안 연극으로도 공연했다), 유서 깊은 해머 필름 프로덕션에서 제작해 미국에서 가장 큰 규모로 개봉했다.

유령 영화는 영미권뿐만 아니라 전 세계에서 제작되고 수많은 관객이 즐기고 있다. 자막이 달린 영화들은 번역된 책보다 더 쉽게 찾을 수 있다. 특히 일본은 1953년 미조구치 겐지의 〈우게츠 이야기〉雨月物語부터 시작된 유령 영화의 역사가 상당히 깊다.

전쟁을 배경으로 한 이 영화는 짙은 안개 속에서 헤매는 배 한 척, 신비하고 매혹적인 여인, 폐허가 된 시골집 등 아름답고 조용하고 무서운 이미지를 특징으로 한다. 우에다 아키나리가 쓴 동명의 책을 원작으로 하는 〈우게츠 이야기〉는 일본 영화계에서 훌륭한 작품으로 인정받고 있고, 구로사와 아키라의 〈라쇼몽〉羅城門과 함께 많은 서양인에게 일본의 영화를 소개한 작품으로도 손꼽힌다. 1964년 고바야시 마사키의 〈괴담〉은 라프카디오 헌의 괴담집에서 여러 이야기를 빌려왔다. 이 영화도 아름다우면서 으스스한 장면으로 서양 관객들의 마음을 사로잡았다.

나카가와 노부오의 〈지옥〉(1960)은 2006년 DVD로 발매되기 전까지는 서양에서는 볼 수 없었다. 나카가와는 주로 공포 영화를 만들었는데, 〈우게츠 이야기〉나 〈괴담〉과는 다르게, 〈지옥〉은 컬러 영상이고 붉은 피로 물들어 있다. 이 영화는 죽었다가 지옥에서 다시 태어난 어느 젊은이의 비현실적인 이야기를 담고 있다. 〈지옥〉은 지옥에 갇혀 충격적이고 끔찍한 고문을 받는 장면이 많은 관객의 뇌리 속을 떠나지 않았을 것이다.

1998년에 개봉된 일본의 한 영화는 현대 기술을 이용해 유령의 새로운 이미지를 세상에 선보였다. 나가타 히데오의 〈링〉에는 긴 머리로 얼굴을 덮고 밋밋한 흰 드레스를 입은 여자 유령인 '사다코'가 등장한다. 〈링〉에 등장하는 유령의 저주는 비디오테이프와 전화기를 통해 전해진다. 이 두 가지 (당시의) 현대 기술은 유령 이야기는 과거에 얽매이지 않고 관객과 가까이 있어야 한다는 M. R. 제임스의 요구를 충족시킨다. 그럼에도 〈링〉은 '반초 사라야시키'는 전통 민담에서 우물에 빠져 죽은 유령 여인을 모티브로 삼고 있다. 〈링〉은 이후에 일본에서 속편들이 계속 만들어졌다. 2002년에는 미국 버전으로 리메이크되어 흥행에 성공했는데, 나오미 와츠가 저주받은 비디오를 조사하는 기자를 연기했다.

홍콩과 한국에서도 눈에 띄는 유령 영화가 만들어졌다. 1987년 홍콩의 쉬커徐克 감독이 〈천녀유혼A Chinese Ghost Story〉을 제작했고 청샤오둥程小東이 감독을 맡았다. 서양 관객들이 초기 일본 유령 영화의 우아한 아름다움에 사로잡혔다면, 1980년대 유령 영화 팬들은 〈천녀유혼〉의 정신없이 돌아가는 속도와 너무나도 충격적인 이미지에 열광했다. 예컨대, 어두운 숲을 가로질러 남자들을 쫓는 거대한 혀, 성전환을 한 여인, 도사가 추는 광란의 주술 춤 장면 등이 등장한다. 포송령의 『요재지이』에 기초한 이 영화에는 환생이라는 요소와 중국의 역사가 가미되었다.

한국의 김지운 감독은 2003년에 영화 〈장화, 홍련〉을 만들었다. 이 영화는 고립되고 으스스한 저택, 문제 있는 가정, 과거 비극에 대한 암시, 어두운 곳에 숨어 있는 존재 등 유령 이야기의 고전적인 요소를 많이 포함시켰다. 〈식스센스〉처럼 〈장화, 홍련〉도 주인공의 존재가 폭로되면서 이야기가 절정에 이르는데, 그러면서 다른 아시아 유령 영화에서도 나오는 검은 머리를 길게 늘어뜨린 여자 유령과 같은 요소를 포함시켰다. 『로스앤젤레스 타임즈』의 케빈 토마스는 "셰익스피어의 비극"과 비교하면서 이 영화를 "우아하고 어두운 부조리주의 공포의 승리"라고 평했다.[26] 〈장화, 홍련〉은 한국 유령 영화 최초로 미국에서 개봉했고, 본국에서도 크게 흥행했다.

'라 요로나(우는 여인)'는 여러 멕시코 영화의 주제가 되어왔는데, 가장 유명한 버전은 〈우는 여인의 저주 The Curse of the Crying Woman〉(1961)일 것이다. 이 영화는 아벨 살라자가 제작하고 주연을 맡았다. 그는 1950년대 후반부터 1960년대 초반까지 멕시코 고딕풍 공포 영화의 핵심 인물이기도 하다. '라 요로나'의 이 버전에서는 외딴 농원에서 우는 여인이 사나운 개 세 마리와 함께 나타난다. 하지만 지금까지 제작된 스페인어권 유령 영화 중 최고는 확실히 길예르모 델 토로의 〈악마의 등뼈 The Devil's Backbone〉(2001)라고 할 수 있다.

이 영화는 스페인 내전 기간에 유령이 출몰하는 고아원에서 일어난 사건을 그린다. 나중에 나오는 델 토로의 〈판의 미로Pan's Labyrinth〉(2006)와 마찬가지로, 이 영화에는 카를로스라는 어린 아이가 사건의 중심에 선다. 영화에서 묘사하는 끔찍하고 절단된 유령은 당시 사회의 추악한 현실을 반영한다.

2003년에 개봉된 인도의 유령 영화인 〈고스트〉Bhoot는 노래나 춤이 포함되지 않은 보기 드문 발리우드Bollywood 영화였기에 언론의 주목을 받았고, 유령 이야기를 진지하고 무섭게 그려냈다. 엄청난 흥행을 일으킨 이 영화의 감독 람 고팔 바르마는 발리우드 영화상을 수상했다.

미국에서 유령이 주연으로 출연한 최초의 텔레비전 시리즈는 〈토퍼Topper〉였다. 이 드라마는 쏜 스미스Thorne Smith가 쓴 동명의 코믹 소설을 원작으로 했다. 이는 1930년대에 시작된 영화 시리즈의 기초를 제공하기도 했다. 영화에서는 고루한 사업가 코스모 토퍼(리오 G. 캐럴 분)가 최근에 구입한 집에서 재미를 추구하는 커비 부부(로버트 스털링과 앤 제프리스 분) 유령이 출몰한다. 1953년부터 1955년까지 CBS 방송국에서 방영된 이 시리즈는 커비 부부의 유령 개인 넬도 유명했다.

1959년 ABC 방송국은 〈매티의 펀데이 퍼니스Matty's Funday Funnies〉라는 프로그램에서 만화 〈다정한 유령〉를 방영하기 시작했다. 1945년 파라마운트에서 제작한 만화영화에서 처음에 캐스퍼는 같은 집에 살고 있는 다른 무서운 유령들과는 달리 귀여운 꼬마 유령으로 등장한다. 이 꼬마 유령은 사람들에게 겁을 주기

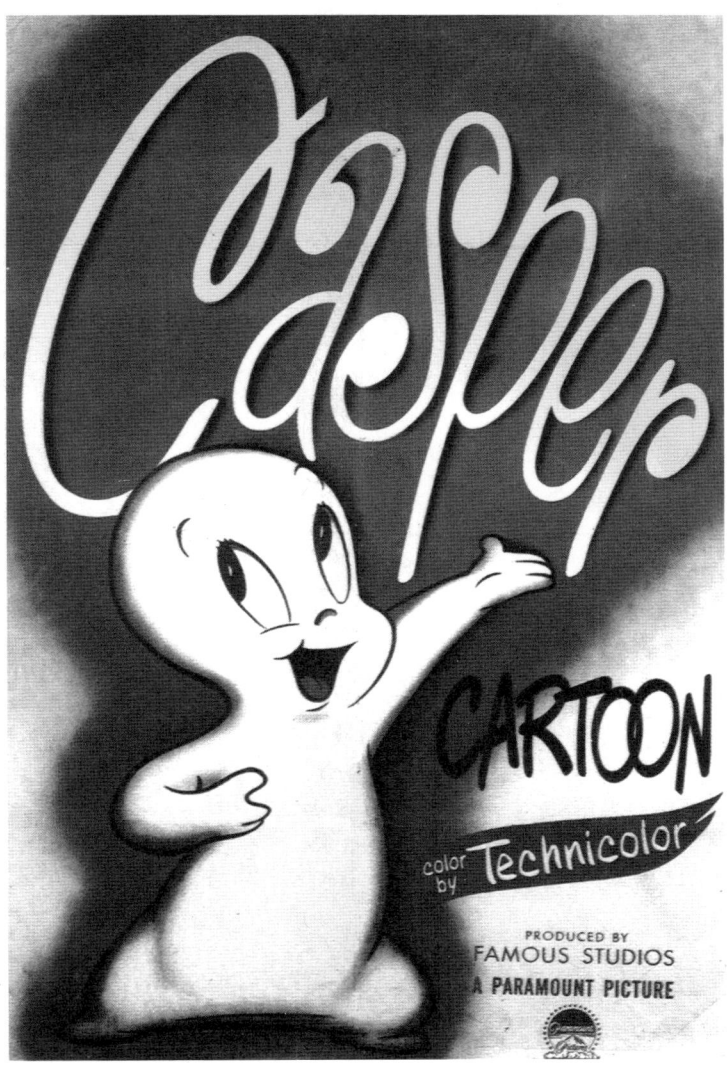

〈캐스퍼〉 만화 포스터, 1950

보다 다정하게 다가간다. 1952년에 캐스퍼는 하비 코믹스에서 나오는 만화책의 제목이 되었고, 1963년에는 ABC 방송국에서는 시리즈물이 나왔다. 캐스퍼는 지속적으로 대중의 인기를 얻으면서 마침내 1995년에는 영화로 제작되었다.

1950년대와 1960년대에 텔레비전 공포물은 대부분 시리즈로 방영되었다. 〈원 스텝 비욘드One Step Beyond〉, 〈보리스 칼로프의 스릴러Boris Karloff's Thriller〉, 〈트와일라잇 존The Twilight Zone〉 시리즈는 모두 유령 이야기를 제공했다. 이 중 가장 유명한 작품은 루실 플레처의 라디오극인 '히치하이커'를 로드 설링이 각색한 것이다. 이 작품은 설링의 〈트와일라잇 존〉 첫 번째 시즌에 방영되었다. 고전 도시 괴담을 바탕으로 한 '히치하이커'는 주인공이 실제로는 유령이라는 반전 결말을 처음으로 도입한 작품이기도 하다.

1960년대의 다른 두 시리즈에서는 유령이 주인공으로 등장했다. 〈유령과 뮤어 부인〉 시리즈는 1947년에 나온 동명의 영화에서 진 티어니와 렉스 해리슨이 연기한 배역을 각각 호프 레인지와 에드워드 뮬헤어가 맡았다. 그리고 일일 연속극인 〈다크 섀도우Dark Shadows〉는 흡혈귀, 늑대인간, 마녀 등 다양한 유령이 등장했는데, 모두 음울한 맨션 안에서 서로 맞서 싸웠다.

일일 연속극이라 복잡한 특수 효과를 활용하지는 못했지만 소름끼치는 줄거리와 유능한 연기자들 덕분에 히트작이 되었다. 이 시리즈는 〈하우스 오브 다크House Of Dark Shadows〉와 〈나이트

오브 다크 섀도우즈Night Of Dark Shadows〉 두 편의 장편 영화로 이어졌고, 2012년에는 팀 버튼이 흡혈귀 바나바스(조니 뎁 분)가 주인공인 코믹 버전의 영화를 만들었다.

1992년에 BBC 방송국은 〈고스트와치Ghostwatch〉(1992)라는 텔레비전 영화를 방영했다. 영국 전역에서 겁에 질린 시청자들이 스스로 초자연적인 현상을 겪고 있다고 믿었다. 스티븐 볼크Stephen Volk가 시나리오를 쓰고 레슬리 매닝이 감독한 〈고스트와치〉는 할로윈 밤에 방영되었는데, 실제로 초자연적인 현상을 탐사하는 생방송처럼 스토리를 설정해 내보냈다.

처음에는 전형적인 폴터가이스트 스타일의 유령으로 시작했지만 곧 훨씬 크고 무서운 초자연적인 사건으로 발전해 결국 런던의 BBC 스튜디오로 번졌다. BBC는 방송 내용이 실화라고 믿는 수백 명의 시청자로부터 전화를 받았고, 정신 질환을 앓고 있던 사람은 방송 이후 닷새째 되는 날 스스로 목숨을 끊었다. BBC는 결국 〈고스트와치〉의 방영을 중단했다. 물론 비디오테이프와 DVD는 계속 판매되고 있었다. 시청자들의 반응을 봤을 때 〈고스트와치〉는 역사상 가장 사실적인 유령 영화로 평가해야 할 것이다.

2000년대 리얼리티 시리즈가 인기를 얻기 전까지는 유령이 주인공으로 등장하는 시리즈는 어린이용 애니메이션 프로그램에 국한되었다. 유령 사냥을 주제로 하는 리얼리티 쇼가 만들어지는 것은 아마도 시간문제였겠지만, 그렇게 즉각적인 성공을 거둔 것은 여전히 놀랄 만한 일이다.

2004년에 사이피 채널에서 〈유령 사냥꾼들〉이 처음 방영되어 높은 시청률을 기록했다. 제이슨 호스와 그랜트 윌슨이라는 두 배관공이 등장하는데, 이들은 '대서양 초자연 현상 협회The Atlantic Paranormal Society'에서 초자연적인 현상을 연구하는 일도 하고 있었다. 두 사람은 유령이 출몰하는 지역을 찾아가 K-II 측정기, 온도계, 디지털 녹음기, 디지털 카메라를 가지고 몇 시간 동안 데이터를 수집했다.

이 리얼리티 쇼는 으스스한 음악, 섬뜩한 야간 투시 촬영과 함께 공포 영화의 여러 요소를 차용했다. 출연자들은 무언가에 닿거나 유령의 목소리(또는 음악)가 들렸다고 주장한다. 온도가 살짝 낮아지거나 녹음기에서 잡음이 잡히면 그것을 '증거'로 내세운다. 회의론자들이 계속 이러한 방법을 비판하고 발견된 것이 거짓임이 드러나도 유사한 리얼리티 쇼가 수없이 만들어졌다.

〈지구에서 가장 무서운 장소들Scariest Places on Earth〉, 〈모스트 헌티드Most Haunted〉, 〈파라노말 챌린지Paranormal Challenge〉, 〈유령의 정신병원Ghost Asylum〉 등 지금도 수많은 쇼가 방영되고 있다. 〈유령 사냥꾼들〉의 성공으로 유령 관광의 수익도 어마어마하게 증가했다.

〈유령 사냥꾼들〉의 인기로 〈고스트 위스퍼러Ghost Whisperer〉와 같은 텔레비전 드라마 시리즈도 제작되었다. 이 드라마는 유령

〈아메리칸 호러 스토리: 살인의 집〉(2011)에 등장하는 유령들이 새벽에 집으로 돌아가는 장면

을 선한 영매의 도움이 필요한 비극적인 인물로 그렸다. 최근 가장 인기 있는 유령 시리즈는 〈아메리칸 호러 스토리〉일 것이다. 이 시리즈(각 시즌마다 일부 등장인물은 반복해서 출연하지만 줄거리는 전혀 다르다)의 시즌 1은 로스앤젤레스에 있는 빅토리아풍 저택이 배경인데, 그곳에 살던 사람들은 목숨을 빼앗겨 유령이 되고 만다. 그런데 이 저택에서 죽은 유령들은 어쩔 수 없이 이전에 있던 유령들과 같은 집에서 함께 지내야 하므로, 무서운 만큼이나 불쌍해 보이기도 한다.

유령이 활개 치는 또 하나의 대중문화 영역은 비디오게임이다. 비디오게임은 팩맨이 어두운 화면을 돌아다니며 알갱이를 먹고 블링키, 핑키, 잉키, 클라이드라는 유령들을 피해 다니던 시절부터 지금까지 오랜 역사를 걸어왔다. 21세기 들어 '서바이벌 호러survival horror'가 인기 있는 게임 장르가 되었다. 플레이어들은 악몽 같은 공간을 뚫고 지나가면서 문제나 미스터리를 풀며 끝까지 살아남아야 한다.

〈사일런트 힐Silent Hill〉, 〈어둠 속에 나홀로Alone in the Dark〉, 〈피어〉F.E.A.R.와 같은 게임들은 모두 플레이어가 유령과 싸우거나 도망쳐야 한다. '서바이벌 호러' 중 가장 특이한 게임은 〈페이탈 프레임Fatal Frame〉으로 플레이어가 총이 아닌 카메라를 들고 다니며 유령을 잡는다.

안전하고 폐쇄된 환경에서 인공적인 유령을 경험할 기회를 제공하는 또 다른 현대 대중문화의 발명품은 바로 '유령의 집' 놀이기구다. '유령의 집'은 축제 '다크 라이드dark ride'에서 유래했는데, 이 축제는 곧 부서질 듯한 자동차를 타고 유령 마네킹과 박제 거미로 꾸며진 트랙을 도는 행사였다.

1969년에 월트 디즈니는 이 모든 것을 바꿔서 디즈니랜드 놀이공원에 '헌티드 맨션'을 개장했다. 이 놀이기구는 최첨단 특수효과를 적용했고(그중 '숨 쉬는 벽'과 같은 장치는 로버트 와이즈 감독의 영화 〈더 헌팅〉에서 영감을 받았다), 훌륭한 디자인과 둠 버기Doom Buggy라는 독특한 이동 수단으로 상상할 수 있는 가장 호화로운 다크 라이드를 창조했다.

노래하는 조각상, 몸 없이 말하는 영매의 머리, 반투명한 유령들이 소용돌이치는 무도회장 등 헌티드 맨션은 미래의 유령 탄생에 큰 영감을 주었고, 1990년대에 핼러윈 유령의 집은 큰 규모의 비즈니스로 부상하기 시작했다. 몇 개의 방에서 분장한 연기자들이 갑자기 나타나 관객을 놀라게 하던 단순한 유령의 집이 점점 더 정교해지고 복잡해졌다.

2000년대에는 유령의 집 산업은 연간 약 10억 달러의 수익을 창출했고, 일부 성공적인 유령의 집은 핼러윈 시즌이 지난 뒤에도 계속 문을 열었다. 이제는 프로든 아마추어든 누구나 실제 유령을 만날 때보다도 훨씬 흥미진진한 경험을 제공해줄 만한 플라스마 스크린이나 실물 크기의 피규어(심지어 어떤 것은 말도 한다)를 구매할 수 있다.

유령을 영상 매체에만 국한시킬 필요는 없다. 음악 분야에서도 유령은 신뢰할 만한 대상으로 입증되었다. 레이 파커 주니어가 자작한 〈고스트 버스터즈〉의 주제곡이나 유명한 컨트리 클래식 〈하늘을 나는 유령들 Ghost Riders in the Sky〉 외에도, 실제로 유령 음악으로 자신의 경력 대부분을 쌓은 음악가들이 있다.

헐리우드에서 수요가 있기 전에, 대니 엘프만(그의 밴드 오잉고 보잉고[Oingo Boingo]와 함께)과 롭 좀비는 각각 〈죽은 사람의 파티 Dead Man's Party〉와 〈살아있는 시체 소녀 Living Dead Girl〉와 같은 노래를 녹음했다. 하지만 영국의 슈퍼스타 케이트 부시만큼 유령을 주제로 화려한 경력을 쌓은 팝 아티스트는 없을 것이다. 그녀는 1978년 〈폭풍의 언덕 Wuthering Heights〉이라는 곡을 시작으로 〈실험 IV〉 Experiment IV라는 곡의 뮤직비디오에서는 직접 유령을 연기했다.

2014년에는 아방가르드 콘셉트의 〈아홉 번째 파도The Ninth Wave〉(1985)는 라이브 공연을 펼쳤는데, 이때 그녀는 아들과 남편 앞에 나타난 물에 빠져 죽은 여자의 유령으로 등장했다.

나오며

유령은 어디에나 있다

2014년 크리스마스 쇼핑 열풍 속에서 '꼭 사야 하는' 선물이 있었다. 나온 지 100년도 더 넘은 보드게임이지만, 판매량이 300퍼센트 이상 껑충 뛰어올랐다. 도대체 무슨 품목일까? 바로 영혼과 연결시켜준다는 허술하기 짝이 없는 '위자' 보드이다. 〈위자〉라는 제목의 공포 영화(위자 보드를 만드는 해즈브로라는 회사에서 영화 제작에 필요한 자금 일부를 조달함) 덕분에, 2014년에는 누구나 크리스마스 유령과 접촉하고 싶어 하는 것 같았다. 교회 당국에서는 이를 경고하기도 했다(한 교구 목사는 "그것은 영혼의 문을 열고 초자연적인 존재를 받아들이는 것과 같다"라고 말했다).[1]

19세기 강신술이 한창 유행할 때 처음 만들어진 보드게임이 어떻게 21세기에 꼭 사야 하는 아이템이 될 수 있었을까? 그리고 그저 그림이 그려진 나무 조각과 플라스틱 판자로 구성된 게임이 왜 그토록 위험한 것일까?

첫 번째 질문에 대한 답은 아주 간단한데, 바로 유령은 어디에나 있기 때문이다. 유령은 어느 나라에나 어느 시대에나 존재

위자 보드를 가지고 노는 장면

한다. 전 세계 인구가 여론조사를 할 수 있다면 대다수가 유령을 믿는다고 대답할 것이다. 이보다 비율을 낮겠지만 꽤 많은 사람이 개인적으로 유령을 경험했다고 대답할 것이다. 과거나 지금이나 전 세계의 많은 사람이 조상의 영혼이 (적어도 일 년 중 특정 시기에는) 존재한다고 믿는다. 그리고 장례식을 제대로 치르지 않으면 죽은 영혼이 분노한다고 믿는다.

한 심리학자는 이것을 죽음이 우리에게서 사랑하는 사람을 데려갔을 때 우리가 분노의 감정을 다루는 방법이라고 주장한다. 우리는 안전한 거리까지 우리의 감정을 투사하고 접시를 깨트리는 폴터가이스트를 만들어낸다.

한편 회의론자들은 유령을 믿는 사람들의 주장을 하나하나 반박한다. 수백 년 전 새뮤얼 존슨은 이렇게 말했다.

"세상이 창조되고 5,000년이 지났지만 어떤 사람이 죽고 나서 다시 유령으로 나타난 사례가 있었는지 여부는 여전히 불확실하다. 모든 논거는 이에 반대하지만 모든 믿음은 찬성한다."[2]

이 믿음은 유령을 발견하고 측정하고 심지어 창조하고자 하는 과학자들에게까지 확장된다. 아마추어 과학자들은 자신들도 잘 알지 못하는 도구를 가지고 미지의 영역을 더듬거리며 나아간다. 반면 프로 과학자들은 정교한 기술과 이론을 다루지만, 유령의 집에서 K-II 측정기를 들고 있는 관광객보다 더 명확한 사실을 찾아내는 것은 아니다.

심지어 우리 중 가장 의심이 많은 사람조차도 유령의 존재를 믿기를 '바란다'. 우리가 오래된 저택에서 수 세기 동안 묵은 먼지의 냄새를 맡고 현대식 난방 시설이 전혀 없는 곳의 냉기를 느끼며 서 있을 때면, 예전에 거기서 살던 사람들이 무엇을 남기고 떠났는지 쉽게 상상할 수 있다. 해골 얼굴을 가진 유령이 등장하거나 빛을 차단하는 영화적인 특수 효과는 그다지 필요하지 않다. 결국 우리는 '그것'을 믿지 않더라도 더 잘 알 수 있다. 우리는 그것을 순수한 허구로 기꺼이 받아들이고자 한다. 즉, 책을 펼치거나 영화관에 앉아 있을 때 맺는 일종의 계약이다.

하지만 우리 중 일부가 가진 생각, 비록 그 생각은 덜 유쾌하

예루살렘 텔아비브에 그려져 있는 유령 그래피티

고 분노나 복수에서 비롯되었다고 할지라도, 부인할 수 없는 보편적인 호소력을 지니고 있다. 우리는 모두 에고를 가진 존재이므로 어느 날 갑자기 우리가 멈춰버리는 것을 상상하기가 어렵다. 우리는 그런 일이 일어나기에는 너무도 중요한 존재라고 은근히 믿는다.

그렇다면 유령은 왜 무서운가? 심지어 강신술사들도 어두운 방 안에서 영매의 거친 목소리를 듣고 있으면 무서운 마음이 든다. 엘리자베스 퀴블러 로스는 「죽음과 죽어감에 관하여On Death and Dying」라는 논문에서 이렇게 적었다.

오늘날 핼러윈 유령 손가락 인형

"죽음은 여전히 무섭고 두려운 일이다. 우리가 아무리 여러 수준에서 익숙해졌다고 하더라도 죽음에 대한 공포는 보편적인 두려움이다."[3]

죽음 이후 남겨진 일종의 영적 흔적인 유령도 두려움을 일으킨다. 우리는 죽음을 두려워하기 때문에 유령을 두려워한다. 비록 유령은 표면적으로 죽음 이후의 생존을 상징하지만, 우리는 그것을 증명할 수 없기 때문에 좌절하고, 이해할 수 없기 때문에 두려워하는 것이다.

우리가 죽으면 아무 생각 없는 유령이 되어 계속해서 충격적인 사건들을 만들어낼까? 우리는 사랑하는 사람들의 기억 속에 남을까? 사람들은 우리의 죽음을 슬퍼할까? 우리가 죽으면 다른 세상으로 넘어갈까?

우리가 유령을 두려워한다면, 유령은 왜 그토록 어디에나 존재하는 것일까? 책, 영화, 텔레비전, 어깨 위 타투, 도심 담벼락의 그래피티까지 오늘날 우리는 어디에서나 유령을 볼 수 있다. 아마도 이것은 우리만의 '죽은 자의 날Dias de los Muertos', 다시 말해 죽음의 두려움을 조롱하는 우리만의 방식일 것이다. 만일 우리가 유령을 웃음 많은 장난꾸러기 꼬마로 만든다면, 그것을 받아들이고 다루기가 훨씬 쉬울 것이다. 아니면 비디오게임이나 가짜 유령의 집과 같은 비교적 안전한 공간에서 유령이 우리를 놀라게 할 수도 있다. 적당히 충격을 받아 아드레날린을 분비시키고 나중에 웃어넘길 수 있는 것이다.

한 가지 사실만은 확실하다. 유령에 대한 사랑은 금방 시들해지지 않을 것이다. 21세기에 역사상 가장 발전한 문명의 한가운데서 우리는 수천 년 전 『길가메시』를 읽는 독자들과 마찬가지로 유령이 되어 돌아온 죽은 친구를 생각하면 여전히 오싹해진다. 우리는 유령을 두려워하지만, 유령은 우리를 하나가 되게 만들고 공통의 관심사를 제공해준다. 그 이유 하나만으로도 유령은 충분히 숭배를 받아 마땅하다.

미주

들어가며

1 Susan Jones, 'Americans'Belief in God Is Strong - But Declining', www.cnsnews.com, 17 December 2013; Leslie Piper, '62 Percent of Americans Would Consider Buying a Haunted Home', *Huffington Post*, 21 October 2013, www.huffingtonpost.com; 'Nearly 87% of Office Workers Believe Ghosts, Gods Real: Poll', *China Post*, 15 August 2011, www.chinapost.com.tw.

1장 무엇이 유령인가(그리고 유령이 아닌가)?

1 *The Merriam-Webster New Book of Word Histories* (Springfield, MA, 1991), p. 196.
2 Jonathon Green, *Slang Through the Ages* (Chicago, il, 1997), p. 332.
3 J. E. Lighter, *Random House Historical Dictionary of American Slang*, vol. i: *A-G* (New York, 1994), p. 888.
4 T. F.Thiselton Dyer, *The Ghost World* (London, 1898), p. 119.
5 'Gilgamesh, Enkidu and the Nether World: Translation', Electronic Text Corpus of Sumerian Literature (Oxford University), http://etcsl.orinst.ox.ac.uk, accessed February 2015.
6 Herbert Spencer, *The Principles of Sociology* (New York, 1921), vol. i, p. 829.
7 Rebecca Cathcart, 'Winding Through "Big Dreams" Are the Threads of our Lives', *New York Times*, 3 July 2007, www.nytimes.com.

8 Robert Hunt, *Popular Romances of the West of England; or, the Drolls,Traditions, and Superstitions of Old Cornwall, Second Series* (London, 1865), pp. 156-7.
9 E.T. A. Hoffmann, *The Devil's Elixir* (Edinburgh, 1824), vol. I, p. 215.
10 Quoted in Daniel Ogden, *Magic, Witchcraft, and Ghosts in the Greek and Roman Worlds: A Sourcebook* (Oxford, 2002), p. 150.
11 Horace Walpole, *The Castle of Otranto* (1764), available at www.gutenberg.org, accessed February 2015.
12 Lionel A.Weatherly and J. N. Maskelyne, *The Supernatural?* (London, 1891), p. 110.
13 Sigmund Freud, 'The Uncanny'(1919), available at www.web.mit.edu, accessed February 2015.

2장 죽음의 땅: 초기의 목격자들

1 Theophilus G. Pinches, *The Religion of Babylonia and Assyria* (London, 1906), p. 107.
2 Donald A. Mackenzie, *Egyptian Myth and Legend* (London, 1909), pp. 177-8.
3 Daniel Ogden, *Magic, Witchcraft, and Ghosts in the Greek and Roman Worlds: A Sourcebook* (Oxford, 2002), p. 146.
4 Apuleius, *The Works of Apuleius, Comprising the Metamorphoses, or golden Ass,The God of Socrates,The Florida, and his Defence, or a Discourse on Magic* (London, 1866), p. 364.
5 Ovid, *Fasti*, trans. Sir James George Frazer (London, 1959), Book v, p. 293.
6 Plutarch, *Plutarch's Lives* (London, 1899), vol. v, p. 140.
7 Ovid, *Fasti*, Book ii, p. 97.
8 Hesiod, *The Poems and Fragments*, trans. A.W. Mair (Oxford, 1908), p. 60.
9 Virgil, *The Aeneid,* trans. John Dryden, Book ii, available at http://classics.mit.edu, accessed February 2015.

10 Ibid., Book vi.
11 Nicholas Lane, 'Staging Polydorus' Ghost in the Prologue of Euripides'*Hecuba', Classical Quarterly,* lvii/1 (May 2007), p. 290.
12 Aeschylus, *Four Plays of Aeschylus,* trans. E.D.A. Morshead (London, 1908), p. 88.
13 *Seneca: Four Tragedies and Octavia,* trans. E. F.Watling (London, 1970).
14 *Plautus:Three Comedies,* trans. Erich Segal (New York, 1985).
15 N. K. Chadwick, 'Norse Ghosts (A Study in the *Draugr and the Haugbúi)', Folklore,* lvii/2 (1943), pp. 54-5.
16 Hermann Pálsson and Paul Edwards, *Eyrbyggja Saga* (New York, 1989), p. 155.
17 Anthony Maxwell, trans., 'The Tale of Thorstein Shiver', in *The Sagas of Icelanders: A Selection* (New York, 2000), pp. 713-16.
18 Deborah Thompson Prince, 'The "Ghost" of Jesus: Luke 24 in Light of Ancient Narratives of Post-Mortem Apparitions', *Journal for the Study of the New Testament* (March 2007), p. 297.
19 Peter Comestor, *Historia scholastica,* Chapter xxv (Lyon, France, 1539), pp. 104-5.
20 St Thomas, *Summa Theologica,* vol. i, Pt 1, p. 572.
21 Quoted in St Augustine, *The Works of Saint Augustine: Letters 156-210: Epistulae II* (New York, 1990), p. 42.
22 Ibid., p. 44.
23 Gregory the Great, *Dialogues,* Book iv (1911), at www.tertullian.org.
24 Ibid.
25 Quoted in David A.Warner, trans., *Ottonian Germany:The Chronicon of Thietmar of Merseburg* (Manchester and New York, 2008), p. 77.
26 Ibid., pp. 75, 77.
27 William of Newburgh, *Historia rerum anglicarum usque ad annum 1198,* quoted in Jean-Claude Schmitt, *ghosts in the Middle Ages: The Living and the Dead in Medieval Society* (Chicago, il, 1998), p. 62.
28 Dom Augustin Calmet, *Dissertations upon the Apparitions of Angels,*

    Daemons, and Ghosts, and Concerning the Vampires of Hungary, Bohemia, Moravia, and Silesia (London, 1759), p. 93.

29 John Gmeiner, *The Spirits of Darkness and their Manifestations on Earth: Or, Ancient and Modern Spiritualism* (Milwaukee, wi, 1889), p. 79.

30 Michael Müller, *Triumph of the Blessed Sacrament over the Prince of Evil: History of Nicola Aubry* (1877), quoted in Silent Crusader blog, 10 September 2013, www.catholicsilentcrusade.blogspot.com.

31 The London Hermit, 'A Day with Herne the Hunter', *Dublin University Magazine*, lxxxiv (1874), p. 487.

32 *Chambers's Encyclopædia: A Dictionary of Universal Knowledge* (Philadelphia, pa, 1912), vol. x, p. 656.

33 *Lady Wilde, Ancient Legends, Mystic Charms, and Superstitions of Ireland, with Sketches of the Irish Past* (London, 1902), p. 80.

34 Gladwell Richardson, *Navajo Trader* (Tucson, az, 2003), pp. 99-100.

35 Milwaukee Public Museum, 'Potawatomi Oral Tradition', www.mpm.edu, accessed February 2015.

36 Richard F. Burton, *The Book of the Thousand Nights and a Night* (Denver, co, 1900), vol. iii, p. 252.

37 Joshua Toulmin Smith and Lucy Toulmin Smith, eds, *English Gilds: The Original Ordinances of More than One Hundred Early English Gilds Together with the Olde Usages of the Cite of Wynchestre, the Ordinances of Worcester, the Office of the Mayor of Bristol and the Costomary of the Manor of Tettenhall-Regis* (London, 1870), p. 194.

38 *The Red Dragon: Art of Commanding Spirits* (Pahrump, nv, n.d.), pp. 71-4.

3장 철커덕거리는 사슬과 흰옷: 서양의 유령

1 Baruch Spinoza, 'Letter lvi (lii): Spinoza to Hugo Boxel', www.sacred-texts.com, accessed February 2015.

2 Thomas Hobbes, *Leviathan* (1651), available at www.oregonstate.edu,

accessed February 2015.

3. Michael Hunter, 'New Light on the "Drummer of Tedworth": Conflicting Narratives of Witchcraft in Restoration England', *Historical Research*, lxxviii/201 (2005), pp. 311-53, available at http://eprints.bbk.ac.uk.
4. Samuel Taylor Coleridge, *The Asylum Journal of Mental Science*, April 1858, p. 395.
5. George Cruikshank, *A Discovery Concerning Ghosts: With a Rap at the 'Spirit Rappers'*, 2nd edn (London, 1864), p. 6.
6. Ibid., p. 10.
7. Horace Walpole, *Horace Walpole's Letters* (Philadelphia, pa, 1852), vol. iii, p. 169.
8. Charles Ollier, *Fallacy of Ghosts, Dreams, and Omens; With Stories of Witchcraft, Life-in-death, and Monomania* (London, 1848), pp. 21-3.
9. Sarah M. Brownson, *Life of Demetrius Augustine Gallitzin, Prince and Priest* (New York, 1873), p. 101.
10. Francis Xavier Paulhuber, *Bilder des amerikanischen Missions-Lebens in zwölf auserlesenen, in Nord-Amerika Gehaltenen Predigten, mit einigen Worten über die Dortigen Erlebnisse* (Freising, Germany, 1864).
11. 'Dibbuk (Dybbuk)', *Encyclopedia Judaica* (2008), available at www.jewishvirtuallibrary.org.
12. S. Ansky, trans. S. Morris Engel, *The Dybbuk* (Washington, dc, 1974), p. 123.
13. 'The Dibbuk Box', www.dibbukbox.com, accessed February 2015.
14. W.R.S. Ralston, *Russian Folk-tales* (London, 1873), p. 306.
15. Ibid., p. 313.
16. Catherine Crowe, *The Night-side of Nature; or, Ghosts and Ghost Seers* (London, 1848), p. 4.
17. Andrew Jackson Davis, *The Principles of Nature, her Divine Revelations, and a Voice to Mankind*, 32nd edn (Boston, ma, 1871), p. 11.

18 Quoted in Lionel Weatherly and J.N. Maskelyne, *The Supernatural?* (London, 1891), p. 187.
19 Orrin Abbott, *The Davenport Brothers:Their History,Travels, and Manifestations* (New York, 1864), p. 7.
20 Robert Dale Owen, *Footfalls on the Boundary of Another World* (Philadelphia, pa, 1860), p. 212.
21 *Abbott, Davenport Brothers*, p. 40.
22 Newton Crosland, *Apparitions: An Essay* (London, 1873), p. 85.
23 Artemus Ward (Charles F. Browne), *The Complete Works of Artemus Ward* (London, 1898), p. 51.
24 Herbert Spencer, *The Principles of Sociology* (New York, 1906), vol. i, p. 433.
25 John Gmeiner, *The Spirits of Darkness and their Manifestations on Earth: Or, Ancient and Modern Spiritualism* (Milwaukee, wi, 1889), p. 226.
26 Weatherly and Maskelyne, *Supernatural?*, pp. 100-103.
27 *Preliminary Report of the Commission Appointed by the University of Pennsylvania to Investigate Modern Spiritualism in Accordance with the Request of the Late Henry Seybert* (Philadelphia, pa, and London, 1920), p. 159.
28 Carl G. Jung, *Memories, Dreams, Reflections* (New York, 1989), pp. 190-91.
29 Quoted in Charles Chaplin, *My Autobiography* (New York, 1964).
30 Sir Arthur Conan Doyle, *The Wanderings of a Spiritualist* (London, 1921), p. 11.
31 Quoted in Ruth Brandon, *The Life and Many Deaths of Harry Houdini* (New York, 1993), p. 249.
32 Harry Houdini, A Magician among the Spirits (New York and London, 1924), p. 172.
33 Mary Roach, Spook: *Science Tackles the Afterlife* (New York, 2005), p. 147.
34 Harry Price, '*The Most Haunted House in England':Ten Years'*

Investigation of Borley Rectory (London, 1940), p. 152.

35 Nandor Fodor, *The Haunted Mind: A Psychoanalyst Looks at the Supernatural* (New York, 1968), p. 134.

36 Ibid., p. 171.

37 Quoted in David Bagchi, 'Martin Luther: Ghostbuster', paper given to the Hull & District Theological Society, 25 January 2012, www.hdts.wordpress.com.

38 'Modern Spiritualism', *London Quarterly Review*, cxiv/227 (July 1863), p. 100.

39 Frank Podmore, *The Naturalisation of the Supernatural* (New York and London, 1908), pp. 161-2.

40 Hereward Carrington, *The Story of Psychic Science* (New York, 1931), p. 146.

41 Rupert Matthews, *Haunted London* (Andover, 2012), p. 3.

42 Tom Kington, '"World's Most Haunted Island" Up for Auction', The Telegraph, 15 April 2014, www.telegraph.co.uk.

43 'Italy: Shock as Auction for the World's Most Haunted Island is Called Off', *Private Island News,* 26 June 2014, www.privateislandnews.com.

44 Laura Vecsey, 'New Orleans'LaLaurie House Has Gruesome Past', www.forbes.com, 23 October 2013.

45 'The Original Ghost Walk of York', www.theoriginalghostwalkofyork.co.uk, accessed February 2015.

46 Jay Anson, *The Amityville Horror* (New York, 1977), pp. 288-9.

47 Joe Nickell, 'Amityville: The Horror of It All', *Skeptical Inquirer*, xxvii/1 (January/February 2003).

48 Matt Soniak, 'Elva Zona Heaster: The Ghost who Helped Solve her Own Murder', *Mental Floss*, 24 September 2014, www.mentalfloss.com.

49 John O'Brien, 'Back from the Grave? Did Teresita Basa Enter Another Person's Body and Name her Murderer? The Police Have No Other Explanation', *St Petersburg Independent,* 6 March 1978.

50 'Murder Convict Wins Retrial because Jury Members Used Ouija

Board', *AP News Archive*, 25 October 1994, www.apnewsarchive.com.

51 'Many Americans Mix Multiple Faiths', *Pew Research Center*, 9 December 2009, www.pewforum.org.

4장 걸신: 동양의 유령

1 Francis Hsu, *Under the Ancestors' Shadow: Chinese Culture and Personality* (New York, 1948), p. 144.

2 Arthur Waley, *The Nine Songs: A Study of Shamanism in Ancient China* (London, 1955), p. 11.

3 Ban Gu, Hanshu, quoted in Luo Hui, *The Ghost of Liaozhai: Pu Songling's Ghostlore and its History of Reception* (Toronto, on, 2009), p. 39.

4 Jan J. M. de Groot, 'Buddhist Masses for the Dead at Amoy', *Actes du sixième congrès international des orientalistes* (Leiden, Netherlands, 1885), Pt 4, Sect. 4, pp. 20-21.

5 Stephen F.Tessier, The Ghost Festival in Medieval China (Princeton, nj, 1988), pp. 127-9.

6 'The Hungry Ghost Festival', www.discoverhongkong.com, accessed February 2015.

7 Leo Tak-hung Chan, *The Discourse on Foxes and Ghosts: Ji Yun and Eighteenth-century Literati Storytelling* (Honolulu, hi, 1998), p. 26.

8 Pu Songling, *Strange Stories from a Chinese Studio* (New York, 1925), p. 62.

9 'Top 8 Haunted Places in Beijing', *China Daily*, 8 August 2014, www.chinadaily.com.cn.

10 Michelle Yun, 'Ghosts Create Bargains in Hong Kong Housing', *Bloomberg Business,* 20 November 2014, www.bloomberg.com.

11 Tiffany Lam, 'Haunted Hong Kong: Read if You Dare', CNN, 25 October 2011, www.travel.cnn.com.

12 Michiko Iwasaka and Barre Toelken, *Ghosts and the Japanese: Cultural Experience in Japanese Death Legends* (Logan, ut, 1994), p. 6.

13 Lafcadio Hearn, *Kwaidan: Stories and Studies of Strange Things* (Leipzig, Germany, 1907), pp. 15-16.
14 Brent Swancer, 'The Mysterious Suicide Forest of Japan', *Mysterious Universe*, 9 May 2014, www.mysteriousuniverse.org.
15 W. Y. Evans-Wentz, *The Tibetan Book of the Dead* (Oxford, 1960), pp. 164-5.
16 William Crooke, *The Popular Religion and Folk-lore of Northern India* (Westminster, 1896), vol. i, p. 153.
17 Ibid., p. 246.
18 Ruth S. Freed and Stanley A. Freed, *Ghosts: Life and Death in North India* (Seattle, wa, 1993), p. 15.
19 Ibid., p. 176.
20 Sir George Grey, *Polynesian Mythology, and Ancient Traditional History of the New Zealand Race, as Furnished by their Priests and Chiefs* (London, 1855), p. 18.

5장 라 요로나와 꿈의 시대: 라틴 아메리카와 남반구의 유령

1 F. Gonzalez-Crussi, *The Day of the Dead and Other Mortal Reflections* (San Diego, ca, 1974), p. 71.
2 Lynn Meisch, *A Traveler's Guide to El Dorado and the Inca Empire* (New York, 1977), p. 399.
3 Alfred Avila, *Mexican Ghost Tales of the Southwest* (Houston, tx, 1994), p. 106.
4 Patrick Tierney, *The Highest Altar:The Story of Human Sacrifice* (London, 1989), pp. 33-4.
5 Harold Osborne, *South American Mythology* (Middlesex, 1968), pp. 119-22.
6 Daniel Biebuyck and Kahombo C. Mateene, *The Mwindo Epic from the Banyanga (Zaire)* (Berkeley and Los Angeles, ca, 1969), p. 5.
7 A. B. Ellis, *The Yoruba-speaking Peoples of the Slave Coast of West Africa* (London, 1894), p. 137.

8 Ibid., p. 139.
9 Amos Tutuola, *The Village Witch Doctor and Other Stories* (London, 1990), pp. 1-11.
10 Nathaniel Samuel Murrell, *Afro-Caribbean Religions: An Introduction to their Historical, Cultural, and Sacred Traditions* (Philadelphia, pa, 2010), p. 261.
11 James Dawson, *Australian Aborigines:The Languages and Customs of Several Tribes of Aborigines in the Western District of Victoria, Australia* (Melbourne, 1881), pp. 50-51.
12 Patrick McNamara, *Spirit Possession and Exorcism: History, Psychology, and Neurobiology, vol. i, Mental States and the Phenomenon of Possession* (Santa Barbara, ca, 2011), p. 159.
13 Stefanie Anderson, 'The 18 Most Haunted Places in Australia that You Can Actually Visit', www.buzzfeed.com, 30 October 2014.

6장 증거를 탐구하다: 유령과 과학

1 Aaron Sagers, 'Paranormal Community Reacts to Death of Ghostbuster Harold Ramis', *HuffPost Weird News,* 26 February 2014, www.huffingtonpost.com.
2 Tom Cook, quoted in Benjamin Radford, 'The Shady Science of Ghost Hunting', www.livescience.com, 27 October 2006.
3 Newton Crosland, *Apparitions: An Essay* (London, 1873), p. 32.
4 Quoted in B. C. Forbes, 'Edison Working on How to Communicate with the Next World', *American Magazine,* xc (October 1920), p. 10.
5 Kenny Biddle, 'Testing the k-ii emf Meter: Does It Communicate with Spirits? No', James Randi Educational Foundation, 24 September 2014, http://web.randi.org.
6 See, for example, www.ubu.com/sound/occult.html.
7 'LaserGrid gs1', www.ghoststop.com, accessed February 2015.
8 Steve Gonsalves, 'Using the Thermal Imaging Camera', www.syfy.

9   Troy Taylor, 'Spirit Photography: Its Strange and Controversial History',The Haunted Museum, www.prairieghosts.com, accessed February 2015.

10 P.T. Barnum, *Humbugs of the World: An Account of Humbugs, Delusions, Impositions, Quackeries, Deceits, and Deceivers Generally, in All Ages* (New York, 1866), p. 119.

11 Andy Dolan, 'Mystery of Wem Ghost Solved by an 88-year-old Postcard and an Eagle-eyed Pensioner', *Daily Mail,* 19 May 2010, www.dailymail.co.uk.

12 '21 Heavenly Spirit Orbs Photos', www.beliefnet.com, accessed February 2015.

13 'Ghost Hangs around Disneyland', www.youtube.com, accessed February 2015.

14 Nandor Fodor, 'The Poltergeist - *Psychoanalyzed', Psychiatric Quarterly,* April 1948, reprinted in Hereward Carrington, *Haunted People* (New York, 1968), p. 182.

15 Rense Lange and James Houran, 'Induced Paranormal Experiences: Support for Houran and Lange's Model of Haunting Phenomena', *Perceptual and Motor Skills,* lxxxiv (June 1997), p. 1455.

16 Richard Wiseman, 'The Haunted Brain', *Skeptical Inquirer,* xxxv/5 (September/October 2011).

17 R. Bunton-Stasyshyn and R. Davis, 'The "Haunt" Project: An Attempt to Build a "Haunted"Room by Manipulating Complex Electromagnetic Fields and Infrasound', *Cortex,* xlv/5 (May 2009), pp. 619-29.

18 Wiseman, 'The Haunted Brain'.

19 Vic Tandy and Tony R. Lawrence, 'The Ghost in the Machine', *Journal of the Society for Psychical Research,* lxii/851 (April 1998).

20 Michelle Roberts, 'Chopin "Probably Had Epilepsy"', bbc News: Health, 25 January 2011, www.bbc.co.uk.

7장 리처드 왕부터 〈파라노말 액티비티〉까지: 문학, 영화, 대중문화에 등장한 유령

1   S.T. Joshi, *The Weird Tale* (Holicong, pa, 2003), p. 142.
2   M.R.James, 'From the Preface to *More Ghost Stories of an Antiquary* (1911)', in *Collected ghost Stories* (Oxford, 2011), pp. 406-7.
3   Julia Briggs, *Night Visitors:The Rise and Fall of the English Ghost Story*, quoted in Joshi, *The Weird Tale*, p. 2.
4   Horace Walpole, *The Castle of Otranto* (1764), available at www.gutenberg.org, accessed February 2015.
5   Ann Radcliffe, *The Mysteries of Udolpho* (1794), available at www.gutenberg.org, accessed February 2015.
6   Walter Scott, 'The Tapestried Chamber; or,The Lady in the Sacque'(1831), available at www.gutenberg.org, accessed February 2015.
7   Ibid.
8   J. Sheridan Le Fanu, 'An Account of Some Strange Disturbances in Aungier Street'(1853), available at http://gaslight.mtroyal.ca/ aungier.htm, accessed February 2015.
9   Ibid.
10   Charles Dickens, *A Christmas Carol* (1843), available at www.gutenberg.org, accessed February 2015.
11   Henry James, *The Turn of the Screw* (1898), available at www.gutenberg.org, accessed February 2015.
12   Shirley Jackson, *The Haunting of Hill House* (New York, 1959), p. 1.
13   Quoted in John J. Miller, 'Chilling Fiction', Wall Street Journal, 29 October 2009, www.wsj.com.
14   Ibid.
15   Matthew R. Bradley, 'Richard Matheson - Storyteller: Fresh Hell', www.tor.com, 9 November 2010.
16   Stephen King, *The Shining* (Garden City, ny, 1977), p. 216.
17   Peter Straub, *Ghost Story* (New York, 1979), p. 414.
18   Peter Valenti,'The "Film *Blanc*": Suggestions for a Variety of Fantasy,

1940-45', *Journal of Popular Film*, vi/4 (1978), pp. 294-304.
19 'Scorsese's Scariest Movies of All Time', *Daily Beast*, 31 October 2014, www.thedailybeast.com.
20 Vincent Canby, '"Ghost Story"Tells of 50-year-old Mystery', *New York Times*, 16 December 1981, www.nytimes.com.
21 'Scorsese's Scariest Movies of All Time'.
22 Roger Ebert, '*The Shining*', 18 June 2006, www.rogerebert.com.
23 *Variety* Staff, 'Review: *The Shining*', *Variety*, 31 December 1979, www.variety.com.
24 Quoted in Joe Dunthorne, 'Was Stephen King Right to Hate Stanley Kubrick's Shining?', *The Guardian,* 6 April 2013, www.theguardian.com.
25 Ben Child, 'Here's Johnny! The Shining Scene is Scariest in Movie History, Claims Study', The guardian, 31 October 2013, www.theguardian.com.
26 Kevin Thomas, 'A Stylish and Creepy Korean "Tale"', *Los Angeles Times*, 17 December 2004, http://articles.latimes.com.

나오며: 유령은 어디에나 있다

1 Neil Tweedie, 'Sales of Ouija Boards up 300% and Threatening to Become a Christmas "Must Buy" Despite Warning from Churchmen', *Daily Mail*, 30 November 2014,www.dailymail.co.uk.
2 James Boswell, *The Life of Samuel Johnson, lld* (London, 1846), vol. vii, p. 59.
3 Elisabeth Kübler-Ross, *On Death and Dying* (New York, 1970), p. 5.

참고문헌

Anson, Jay, *The Amityville Horror* (New York, 1977)
Avila, Alfred, *Mexican Ghost Tales of the Southwest* (Houston, tx, 1994)
Calmet, Dom Augustin, *Dissertations upon the Apparitions of Angels, Daemons, and Ghosts, and Concerning the Vampires of Hungary, Bohemia, Moravia, and Silesia* (London, 1759)
Carrington, Hereward, *The Story of Psychic Science* (New York, 1931)
Clarke, Roger, *A Natural History of Ghosts: 500 Years of Hunting for Proof* (London, 2012)
Crooke, William, *The Popular Religion and Folk-lore of Northern India*, vol. 1 (Westminster, 1896)
Crosland, Newton, *Apparitions: An Essay* (London, 1873)
Crowe, Catherine, *The Night-side of Nature; or, Ghosts and Ghost Seers* (London, 1848)
Cruikshank, George, *A Discovery Concerning Ghosts: With a Rap at the 'Spirit Rappers'*, 2nd edn (London, 1864)
Davies, Owen, *The Haunted: A Social History of Ghosts* (London, 2009)
Dawson, James, *Australian Aborigines: The Languages and Customs of Several Tribes of Aborigines in the Western District of Victoria, Australia* (Melbourne, 1881)
Ellis, A. B., *The Yoruba-speaking Peoples of the Slave Coast of West Africa* (London, 1894)
Evans-Wentz, W. Y., *The Tibetan Book of the Dead* (Oxford, 1960)
Finucane, R. C., *Ghosts: Appearances of the Dead and Cultural*

Transformation (Amherst, ma, 2002)

Fodor, Nandor, *Haunted People* (New York, 1968)

Freed, Ruth S., and Stanley A. Freed, *Ghosts: Life and Death in North India* (Seattle, wa, 1993)

Gmeiner, John, *The Spirits of Darkness and their Manifestations on Earth: Or, Ancient and Modern Spiritualism* (Milwaukee, wi, 1889)

Hearn, Lafcadio, *Kwaidan: Stories and Studies of Strange Things* (Leipzig, Germany, 1907)

Iwasaka, Michiko, and Barre Toelken, *Ghosts and the Japanese: Cultural Experience in Japanese Death Legends* (Logan, ut, 1994)

Joshi, S.T., *The Weird Tale* (Holicong, pa, 2003)

Mackenzie, Donald A., *Egyptian Myth and Legend* (London, 1909)

Maxwell, Anthony, trans., 'The Tale of Thorstein Shiver', in *The Sagas of Icelanders: A Selection* (New York, 2000)

Morton, Lisa, *The Halloween Encyclopedia, 2nd edn* (Jefferson City, mo, 2011)

Murrell, Nathaniel Samuel, *Afro-Caribbean Religions: An Introduction to their Historical, Cultural, and Sacred Traditions* (Philadelphia, pa, 2010)

Ogden, Daniel, *Magic, Witchcraft, and Ghosts in the Greek and Roman Worlds: A Sourcebook* (Oxford, 2002)

Ollier, Charles, *Fallacy of Ghosts, Dreams, and Omens; With Stories of Witchcraft, Life-in-death, and Monomania* (London, 1848)

Ovid, *Fasti,* trans. Sir James George Frazer (London, 1959), Book v Owen, Robert Dale, *Footfalls on the Boundary of Another World* (Philadelphia, pa, 1860)

Pálsson, Hermann, and Paul Edwards, *Eyrbyggja Saga* (New York, 1989)

Price, Harry, *'The Most Haunted House in England':Ten Years' Investigation of Borley Rectory* (London, 1940)

Pu Songling, *Strange Stories from a Chinese Studio* (New York, 1925)

Roach, Mary, *Spook: Science Tackles the Afterlife* (New York, 2005)

Schmitt, Jean-Claude, *Ghosts in the Middle Ages:The Living and the Dead in Medieval Society* (Chicago, il, 1998)

Tessier, Stephen F., *The Ghost Festival in Medieval China* (Princeton, nj, 1988)

Thiselton Dyer, T. F., *The Ghost World* (London, 1898)

Tutuola, Amos, *The Village Witch Doctor and Other Stories* (London, 1990)

Weatherly, Lionel A., and J. N. Maskelyne, The *Supernatural?* (London, 1891)

Wicker, Christine, *Lily Dale: The True Story of the Town that Talks to the Dead* (New York, 2003)

이미지 출처

Thank you to my agent, Robert Fleck; to Dan Weinstein and the entire staff of the Iliad Bookshop; to Rocky Wood, who provided both material and enthusiasm; to Stephen Jones, who gave me amazing insight into haunted London; my partner, Ricky Grove, and my family; to the entire crew at Reaktion Books; and especially to my extraordinarily patient editor, Ben Hayes, whose support deserves more than the silly ghost joke I was going to make here.

Photographs courtesy of the author: pp. 6, 46, 84, 88, 89, 90, 102, 119, 131, 139, 141, 177; © Trustees of the British Museum, London: pp. 17, 111; Detroit Institute of Arts, Detroit, Michigan: p. 144; Photograph courtesy of Ricky Grove: p. 118; Library of Congress, Rare Books and Special Collections Division, Washington, dc: p. 77; Nara National Museum, Nara, Japan: p. 103; © Victoria and Albert Museum, London: pp 35, 98, 151.

Jonoikobangali, the copyright holder of the image on p. 115, Sandrajd01, the copyright holder of the image on p. 123 and talmoryair, the copyright holder of the image on p. 178, have published these online under conditions imposed by a Creative Commons Attribution-Share Alike 3.0 Unported license.

처음 읽는 유령의 세계사

개정판 1쇄 인쇄일 2025년 8월 22일
개정판 1쇄 발행일 2025년 8월 29일

지은이 리사 모튼
옮긴이 박일귀
펴낸이 이효원
편집인 강산하
마케팅 추미경
디자인 페이퍼컷 장상호(표지), 이수정(본문)
펴낸곳 탐나는책
출판등록 2015년 10월 12일 제2021-000142
주소 경기도 고양시 덕양구 삼송로 222, 101동 305호(삼송동, 현대해리엇)
대표전화 070-8279-7311   **팩스** 02-6008-0834
전자우편 tcbook@naver.com

ISBN 979-11-94381-54-9 03900

이 책은 저작권법에 따라 보호받는 저작물이므로 무단 전재와 복제를
금지하며, 이 책 내용의 전체 또는 일부를 이용하려면 반드시 저작권자와
도서출판 탐나는책의 동의를 받아야 합니다.

*〈유령에 홀린 세계사〉 개정판 입니다.
*값은 뒤표지에 있습니다.
*잘못된 책은 구입하신 서점에서 교환해드립니다.